PRÉFACE

La collection de guides de conversation "Tout ira bien!", publié par T&P Books, est conçue pour les gens qui voyagent par affaire ou par plaisir. Les guides de conversations contiennent le plus important - l'essentiel pour la communication de base. Il s'agit d'une série indispensable de phrases pour survivre à l'étranger.

Ce guide de conversation vous aidera dans la plupart des cas où vous devez demander quelque chose, trouver une direction, découvrir le prix d'un souvenir, etc. Il peut aussi résoudre des situations de communication difficile lorsque la gesticulation n'aide pas.

Le livre contient beaucoup de phrases qui ont été groupées par thèmes. Vous trouverez aussi un vocabulaire des 3000 mots les plus couramment utilisés. Une autre section du guide contient un glossaire gastronomique qui peut être utile lorsque vous faites le marché ou commandez des plats au restaurant.

Emmenez avec vous un guide de conversation "Tout ira bien!" sur la route et vous aurez un compagnon de voyage irremplaçable qui vous aidera à vous sortir de toutes les situations et vous enseignera à ne pas avoir peur de parler aux étrangers.

TABLE DES MATIÈRES

T&P Books Publishing

Collection de guides de conversation
"Tout ira bien!"

T&P Books Publishing

GUIDE DE CONVERSATION

— ALBANAIS —

Par Andrey Taranov

LES PHRASES LES PLUS UTILES

Ce guide de conversation contient les phrases et les questions les plus communes et nécessaires pour communiquer avec des étrangers

T&P BOOKS

Guide de conversation + dictionnaire de 3000 mots

Guide de conversation Français-Albanais et vocabulaire thématique de 3000 mots

Par Andrey Taranov

La collection de guides de conversation "Tout ira bien!", publiée par T&P Books, est conçue pour les gens qui voyagent par affaire ou par plaisir. Les guides contiennent l'essentiel pour la communication de base. Il s'agit d'une série indispensable de phrases pour "survivre" à l'étranger.

Ce livre inclut un dictionnaire thématique qui contient près de 3000 des mots les plus fréquemment utilisés. Une autre section du guide contient un glossaire gastronomique qui peut être utile lorsque vous faites le marché ou commandez des plats au restaurant.

T&P Books Publishing
www.tpbooks.com

ISBN: 978-1-78767-176-8

Ce livre existe également en format électronique.
Pour plus d'informations, veuillez consulter notre site: www.tpbooks.com
ou rendez-vous sur ceux des grandes librairies en ligne.

PRONONCIATION

Alphabet phonétique T&P	Exemple en albanais	Exemple en français
[a]	flas [flas]	classe
[e], [ε]	melodi [mεlodí]	poète
[ə]	kërkoj [kərkój]	record
[i]	pikë [píkə]	stylo
[o]	motor [motór]	normal
[u]	fuqi [fucí]	boulevard
[y]	myshk [myʃk]	Portugal
[b]	brakë [brákə]	bureau
[c]	oqean [ocεán]	corse - machja
[d]	adoptoj [adoptój]	document
[ʣ]	lexoj [lεdzój]	pizza
[ʤ]	xham [dʒam]	adjoint
[ð]	dhomë [ðómə]	consonne fricative dentale voisée
[f]	i fortë [i fórtə]	formule
[g]	bullgari [buɫgarí]	gris
[h]	jaht [jáht]	[h] aspiré
[j]	hyrje [hýrjε]	maillot
[ɟ]	zgjedh [zɟεð]	Dieu
[k]	korik [korík]	bocal
[l]	lëviz [ləvíz]	vélo
[ɫ]	shkallë [ʃkáɫə]	lit
[m]	medalje [mεdáljε]	minéral
[n]	klan [klan]	ananas
[ɲ]	spanjoll [spaɲóɫ]	canyon
[ŋ]	trung [truŋ]	parking
[p]	polici [politsí]	panama
[r]	i erët [i érət]	racine, rouge
[ɾ]	groshë [gróʃə]	espagnol - pero
[s]	spital [spitál]	syndicat
[ʃ]	shes [ʃεs]	chariot
[t]	tapet [tapét]	tennis
[ʦ]	batica [batítsa]	gratte-ciel
[ʧ]	kaçube [katʃúbε]	match
[v]	javor [javór]	rivière
[z]	horizont [horizónt]	gazeuse

Alphabet phonétique T&P	Exemple en albanais	Exemple en français
[ʒ]	**kuzhinë** [kuʒínə]	jeunesse
[θ]	**përkthej** [pərkθéj]	consonne fricative dentale sourde

LISTE DES ABRÉVIATIONS

Abréviations en français

adj	-	adjective
adv	-	adverbe
anim.	-	animé
conj	-	conjonction
dénombr.	-	dénombrable
etc.	-	et cetera
f	-	nom féminin
f pl	-	féminin pluriel
fam.	-	familiar
fem.	-	féminin
form.	-	formal
inanim.	-	inanimé
indénombr.	-	indénombrable
m	-	nom masculin
m pl	-	masculin pluriel
m, f	-	masculin, féminin
masc.	-	masculin
math	-	mathematics
mil.	-	militaire
pl	-	pluriel
prep	-	préposition
pron	-	pronom
qch	-	quelque chose
qn	-	quelqu'un
sing.	-	singulier
v aux	-	verbe auxiliaire
v imp	-	verbe impersonnel
vi	-	verbe intransitif
vi, vt	-	verbe intransitif, transitif
vp	-	verbe pronominal
vt	-	verbe transitif

Abréviations en albanais

f	-	nom féminin
m	-	nom masculin
pl	-	pluriel

GUIDE DE CONVERSATION ALBANAIS

Cette section contient
des phrases importantes
qui peuvent être utiles dans
des situations courantes.
Le guide vous aidera
à demander des directions,
clarifier le prix, acheter
des billets et commander
des plats au restaurant

T&P Books Publishing

CONTENU DU GUIDE DE CONVERSATION

T&P Books Publishing

Excusez-moi, ...	**Më falni, ...** [mə fálni, ...]
Bonjour	**Përshëndetje.** [pərʃəndétjɛ]
Merci	**Faleminderit.** [falɛmindérit]
Au revoir	**Mirupafshim.** [mirupáfʃim]
Oui	**Po.** [po]
Non	**Jo.** [jo]
Je ne sais pas.	**Nuk e di.** [nuk ɛ di]
Où? (~ es-tu?) | Où? (~ vas-tu?) | Quand?	**Ku? | Për ku? | Kur?** [ku? | pər ku? | kur?]

J'ai besoin de ...	**Më nevojitet ...** [mə nɛvojítɛt ...]
Je veux ...	**Dua ...** [dúa ...]
Avez-vous ... ?	**Keni ...?** [kéni ...?]
Est-ce qu'il y a ... ici?	**A ka ... këtu?** [a ka ... kətú?]
Puis-je ... ?	**Mund të ...?** [mund tə ...?]
s'il vous plaît (pour une demande)	**..., ju lutem** [...], [ju lútɛm]

Je cherche ...	**Kërkoj ...** [kərkój ...]
les toilettes	**tualet** [tualét]
un distributeur	**bankomat** [bankomát]
une pharmacie	**farmaci** [farmatsí]
l'hôpital	**spital** [spitál]
le commissariat de police	**komisariat policie** [komisariát politsíɛ]
une station de métro	**metro** [mɛtró]

un taxi	**taksi** [táksi]
la gare	**stacion treni** [statsión trɛni]

Je m'appelle ...	**Më quajnë ...** [mə cúajnə ...]
Comment vous appelez-vous?	**Si quheni?** [si cúhɛni?]
Aidez-moi, s'il vous plaît.	**Ju lutem, mund të ndihmoni?** [ju lútɛm], [mund tə ndihmóni?]
J'ai un problème.	**Kam një problem.** [kam ɲə problém]
Je ne me sens pas bien.	**Nuk ndihem mirë.** [nuk ndíhɛm mírə]
Appelez une ambulance!	**Thërrisni një ambulancë!** [θərísni ɲə ambulántsə!]
Puis-je faire un appel?	**Mund të bëj një telefonatë?** [mund tə bəj ɲə tɛlɛfonátə?]

Excusez-moi.	**Më vjen keq.** [mə vjɛn kɛc]
Je vous en prie.	**Ju lutem.** [ju lútɛm]

je, moi	**unë, mua** [únə], [múa]
tu, toi	**ti** [ti]
il	**ai** [ai]
elle	**ajo** [ajó]
ils	**ata** [atá]
elles	**ato** [ató]
nous	**ne** [nɛ]
vous	**ju** [ju]
Vous	**ju** [ju]

ENTRÉE	**HYRJE** [hýrjɛ]
SORTIE	**DALJE** [dáljɛ]
HORS SERVICE	EN PANNE	**NUK FUNKSIONON** [nuk funksionón]
FERMÉ	**MBYLLUR** [mbýɬur]

OUVERT	**HAPUR** [hápur]
POUR LES FEMMES	**PËR FEMRA** [pər fémra]
POUR LES HOMMES	**PËR MESHKUJ** [pər méʃkuj]

Questions

Où? (lieu)	**Ku?** [ku?]
Où? (direction)	**Për ku?** [pər ku?]
D'où?	**Nga ku?** [ŋa ku?]
Pourquoi?	**Pse?** [psɛ?]
Pour quelle raison?	**Për çfarë arsye?** [pər tʃfárə arsýɛ?]
Quand?	**Kur?** [kur?]

Combien de temps?	**Sa kohë?** [sa kóhə?]
À quelle heure?	**Në çfarë ore?** [nə tʃfárə órɛ?]
C'est combien?	**Sa kushton?** [sa kuʃtón?]
Avez-vous …?	**Keni …?** [kéni …?]
Où est …, s'il vous plaît?	**Ku ndodhet …?** [ku ndóðɛt …?]

Quelle heure est-il?	**Sa është ora?** [sa ə́ʃtə óra?]
Puis-je faire un appel?	**Mund të bëj një telefonatë?** [mund tə bəj ɲə tɛlɛfonátə?]
Qui est là?	**Kush është?** [kuʃ ə́ʃtə?]
Puis-je fumer ici?	**Mund të pi duhan këtu?** [mund tə pi duhán kətú?]
Puis-je …?	**Mund të …?** [mund tə …?]

Besoins

Je voudrais ...	**Do të doja ...** [do tə dója ...]
Je ne veux pas ...	**Nuk dua ...** [nuk dúa ...]
J'ai soif.	**Kam etje.** [kam étjɛ]
Je veux dormir.	**Dua të fle.** [dúa tə flé]

Je veux ...	**Dua ...** [dúa ...]
me laver	**të lahem** [tə láhɛm]
brosser mes dents	**të laj dhëmbët** [tə laj ðə́mbət]
me reposer un instant	**të pushoj pak** [tə puʃój pak]
changer de vêtements	**të ndërrohem** [tə ndəróhɛm]

retourner à l'hôtel	**të kthehem në hotel** [tə kθéhɛm nə hotél]
acheter ...	**të blej ...** [tə blɛj ...]
aller à ...	**të shkoj në ...** [tə ʃkoj nə ...]
visiter ...	**të vizitoj ...** [tə vizitój ...]
rencontrer ...	**të takohem me ...** [tə takóhɛm mɛ ...]
faire un appel	**të bëj një telefonatë** [tə bəj ɲə tɛlɛfonátə]

Je suis fatigué /fatiguée/	**Jam i /e/ lodhur.** [jam i /ɛ/ lóður]
Nous sommes fatigués /fatiguées/	**Jemi të lodhur.** [jémi tə lóður]
J'ai froid.	**Kam ftohtë.** [kam ftóhtə]
J'ai chaud.	**Kam vapë.** [kam vápə]
Je suis bien.	**Jam mirë.** [jam mírə]

Il me faut faire un appel.	**Duhet të bëj një telefonatë.** [dúhɛt tə bəj ɲə tɛlɛfonátə]
J'ai besoin d'aller aux toilettes.	**Duhet të shkoj në tualet.** [dúhɛt tə ʃkoj nə tualét]
Il faut que j'aille.	**Duhet të ik.** [dúhɛt tə ik]
Je dois partir maintenant.	**Duhet të ik tani.** [dúhɛt tə ik taní]

Comment demander la direction

Excusez-moi, ...	**Më falni, ...** [mə fálni, ...]
Où est ..., s'il vous plaît?	**Ku ndodhet ...?** [ku ndóðɛt ...?]
Dans quelle direction est ... ?	**Si shkohet në ...?** [si ʃkóhɛt nə ...?]
Pouvez-vous m'aider, s'il vous plaît ?	**Ju lutem, mund të më ndihmoni?** [ju lútɛm], [mund tə mə ndihmóni?]

Je cherche ...	**Kërkoj ...** [kərkój ...]
La sortie, s'il vous plaît?	**Kërkoj daljen.** [kərkój dáljɛn]
Je vais à ...	**Po shkoj në ...** [po ʃkoj nə ...]
C'est la bonne direction pour ...?	**A po shkoj siç duhet për në ...?** [a po ʃkoj sitʃ dúhɛt pər nə ...?]

C'est loin?	**Është larg?** [əʃtə larg?]
Est-ce que je peux y aller à pied?	**Mund të shkoj me këmbë deri atje?** [mund tə ʃkoj mɛ kémbə déri atjé?]
Pouvez-vous me le montrer sur la carte?	**Mund të më tregoni në hartë?** [mund tə mə trɛgóni nə hártə?]
Montrez-moi où sommes-nous, s'il vous plaît.	**Më tregoni ku ndodhemi tani.** [mə trɛgóni ku ndóðɛmi taní]

Ici	**Këtu** [kətú]
Là-bas	**Atje** [atjé]
Par ici	**Këtej** [kətéj]

Tournez à droite.	**Kthehuni djathtas.** [kθéhuni djáθtas]
Tournez à gauche.	**Kthehuni majtas.** [kθéhuni májtas]
Prenez la première (deuxième, troisième) rue.	**kthesa e parë (e dytë, e tretë)** [kθésa ɛ párə (ɛ dýtə], [ɛ trétə)]
à droite	**djathtas** [djáθtas]

à gauche	**majtas** [májtas]
Continuez tout droit.	**ecni drejt** [étsni dréjt]

Affiches, Pancartes

BIENVENUE!	**MIRË SE ERDHËT!** [mírə sɛ érðət!]
ENTRÉE	**HYRJE** [hýrjɛ]
SORTIE	**DALJE** [dáljɛ]

POUSSEZ	**SHTY** [ʃty]
TIREZ	**TËRHIQ** [tərhíc]
OUVERT	**HAPUR** [hápur]
FERMÉ	**MBYLLUR** [mbýɫur]

POUR LES FEMMES	**PËR FEMRA** [pər fémra]
POUR LES HOMMES	**PËR MESHKUJ** [pər méʃkuj]
MESSIEURS	**ZOTËRINJ** [zotərín]
FEMMES	**ZONJA** [zóɲa]

RABAIS | SOLDES	**ULJE** [úljɛ]
PROMOTION	**ULJE** [úljɛ]
GRATUIT	**FALAS** [fálas]
NOUVEAU!	**E RE!** [ɛ ré!]
ATTENTION!	**KUJDES!** [kujdés!]

COMPLET	**NUK KA VENDE TË LIRA** [nuk ka véndɛ tə líra]
RÉSERVÉ	**REZERVUAR** [rɛzɛrvúar]
ADMINISTRATION	**ADMINISTRATA** [administráta]
PERSONNEL SEULEMENT	**VETËM PËR PERSONELIN** [vétəm pər pɛrsonélin]

ATTENTION AU CHIEN!	**KUJDES NGA QENI!** [kujdés ŋa céni!]
NE PAS FUMER!	**NDALOHET DUHANI!** [ndalóhɛt duháni!]
NE PAS TOUCHER!	**MOS PREKNI!** [mos prékni!]
DANGEREUX	**I RREZIKSHËM** [i rɛzíkʃəm]
DANGER	**RREZIK** [rɛzík]
HAUTE TENSION	**VOLTAZH I LARTË** [voltáʒ i lártə]
BAIGNADE INTERDITE!	**NDALOHET NOTI!** [ndalóhɛt nóti!]

HORS SERVICE | EN PANNE	**NUK FUNKSIONON** [nuk funksionón]
INFLAMMABLE	**I DJEGSHËM** [i djégʃəm]
INTERDIT	**I NDALUAR** [i ndalúar]
ENTRÉE INTERDITE!	**NDALOHET KALIMI!** [ndalóhɛt kalími!]
PEINTURE FRAÎCHE	**BOJË E FRESKËT** [bójə ɛ fréskət]

FERMÉ POUR TRAVAUX	**MBYLLUR PËR RESTAURIM** [mbýɬur pər rɛstaurim]
TRAVAUX EN COURS	**PO KRYHEN PUNIME** [po krýhɛn punímɛ]
DÉVIATION	**DEVIJIM** [dɛvijím]

Transport - Phrases générales

avion	**avion** [avión]
train	**tren** [trɛn]
bus, autobus	**autobus** [autobús]
ferry	**traget** [tragét]
taxi	**taksi** [táksi]
voiture	**makinë** [makínə]

horaire	**orar** [orár]
Où puis-je voir l'horaire?	**Ku mund të shikoj oraret?** [ku mund tə ʃikój orárɛt?]
jours ouvrables	**ditë pune** [dítə púnɛ]
jours non ouvrables	**fundjava** [fundjáva]
jours fériés	**pushime** [puʃímɛ]

DÉPART	**NISJE** [nísjɛ]
ARRIVÉE	**MBËRRITJE** [mbərítjɛ]
RETARDÉE	**VONESË** [vonésə]
ANNULÉE	**ANULUAR** [anulúar]

prochain	**tjetër** [tjétər]
premier	**parë** [párə]
dernier	**fundit** [fúndit]

À quelle heure est le prochain ...?	**Kur është ... tjetër?** [kur əʃtə ... tjétər?]
À quelle heure est le premier ...?	**Kur është ... i parë?** [kur əʃtə ... i párə?]

À quelle heure est le dernier ...?   **Kur është ... i fundit?**
                                        [kur éʃtə ... i fúndit?]

correspondance   **ndërrim**
                                        [ndərím]

prendre la correspondance   **të ndërroj**
                                        [tə ndərój]

Dois-je prendre la correspondance?   **Duhet të ndërroj?**
                                        [dúhɛt tə ndərój?]

Acheter un billet

Où puis-je acheter des billets?	**Ku mund të blej bileta?** [ku mund tə bléj biléta?]
billet	**biletë** [bilétə]
acheter un billet	**të blej biletë** [tə blɛj bilétə]
le prix d'un billet	**çmimi i biletës** [tʃmími i bilétəs]

Pour aller où?	**Për ku?** [pər ku?]
Quelle destination?	**Në cilin stacion?** [nə tsílin statsión?]
Je voudrais ...	**Më nevojitet ...** [mə nɛvojítɛt ...]
un billet	**një biletë** [ɲə bilétə]
deux billets	**dy bileta** [dy biléta]
trois billets	**tre bileta** [trɛ biléta]

aller simple	**vajtje** [vájtjɛ]
aller-retour	**me kthim** [mɛ kθim]
première classe	**klasi i parë** [klási i párə]
classe économique	**klasi i dytë** [klási i dýtə]

aujourd'hui	**sot** [sot]
demain	**nesër** [nésər]
après-demain	**pasnesër** [pasnésər]
dans la matinée	**në mëngjes** [nə mənjés]
l'après-midi	**në pasdite** [nə pasdítɛ]
dans la soirée	**në mbrëmje** [nə mbrémjɛ]

siège côté couloir

ulëse në korridor
[úləsɛ nə koridór]

siège côté fenêtre

ulëse tek dritarja
[úləsɛ tɛk dritárja]

C'est combien?

Sa kushton?
[sa kuʃtón?]

Puis-je payer avec la carte?

Mund të paguaj me kartelë krediti?
[mund tə pagúaj mɛ kartélə krɛdíti?]

L'autobus

bus, autobus	**autobus** [autobús]
autocar	**autobus urban** [autobús urbán]
arrêt d'autobus	**stacion autobusi** [statsión autobúsi]
Où est l'arrêt d'autobus le plus proche?	**Ku ndodhet stacioni më i afërt i autobusit?** [ku ndóðɛt statsióni mə i áfərt i autobúsit?]

numéro	**numri** [númri]
Quel bus dois-je prendre pour aller à ...?	**Cilin autobus duhet të marr për të shkuar në ...?** [tsílin autobús dúhɛt tə mar pər tə ʃkúar nə ...?]
Est-ce que ce bus va à ...?	**A shkon ky autobus në ...?** [a ʃkon ky autobús nə ...?]
L'autobus passe tous les combien?	**Sa shpesh kalojnë autobusët?** [sa ʃpɛʃ kalójnə autobúsət?]

chaque quart d'heure	**çdo 15 minuta** [tʃdo pɛsəmbəðjétə minúta]
chaque demi-heure	**çdo gjysmë ore** [tʃdo ɟýsmə órɛ]
chaque heure	**çdo një orë** [tʃdo ɲə órə]
plusieurs fois par jour	**disa herë në ditë** [dísa hérə nə dítə]
... fois par jour	**... herë në ditë** [... hérə nə dítə]

horaire	**orari** [orári]
Où puis-je voir l'horaire?	**Ku mund të shikoj oraret?** [ku mund tə ʃikój orárɛt?]
À quelle heure passe le prochain bus?	**Kur është autobusi tjetër?** [kur əʃtə autobúsi tjétər?]
À quelle heure passe le premier bus?	**Kur është autobusi i parë?** [kur əʃtə autobúsi i párə?]
À quelle heure passe le dernier bus?	**Kur është autobusi i fundit?** [kur əʃtə autobúsi i fúndit?]

arrêt	**stacion** [statsión]
prochain arrêt	**stacioni tjetër** [statsióni tjétər]
terminus	**stacioni i fundit** [statsióni i fúndit]
Pouvez-vous arrêter ici, s'il vous plaît.	**Ju lutem, ndaloni këtu.** [ju lútɛm], [ndalóni kətú]
Excusez-moi, c'est mon arrêt.	**Më falni, ky është stacioni im.** [mə fálni], [ky əʃtə statsióni im]

Train

train	**tren** [trɛn]
train de banlieue	**tren lokal** [trɛn lokál]
train de grande ligne	**tren** [trɛn]
la gare	**stacion treni** [statsión trɛni]
Excusez-moi, où est la sortie vers les quais?	**Më falni, ku është dalja për në platformë?** [mə fálni], [ku ə́ʃtə dálja pər nə platfórmə?]

Est-ce que ce train va à ...?	**A shkon ky tren në ...?** [a ʃkon ky trɛn nə ...?]
le prochain train	**treni tjetër** [tréni tjétər]
À quelle heure est le prochain train?	**Kur vjen treni tjetër?** [kur vjɛn tréni tjétər?]
Où puis-je voir l'horaire?	**Ku mund të shikoj oraret?** [ku mund tə ʃikój orárɛt?]
De quel quai?	**Nga cila platformë?** [ŋa tsíla platfórmə?]
À quelle heure arrive le train à ...?	**Kur arrin treni në ...** [kur arín tréni nə ...]

Pouvez-vous m'aider, s'il vous plaît?	**Ju lutem më ndihmoni.** [ju lútɛm mə ndihmóni]
Je cherche ma place.	**Kërkoj ulësen time.** [kərkój úləsɛn tímɛ]
Nous cherchons nos places.	**Po kërkojmë ulëset tona.** [po kərkójmə úləsɛt tóna]
Ma place est occupée.	**ulësja ime është zënë.** [úləsja ímɛ ə́ʃtə zə́nə]
Nos places sont occupées.	**ulëset tona janë zënë.** [úləsɛt tóna jánə zə́nə]

Excusez-moi, mais c'est ma place.	**Më falni por kjo është ulësja ime.** [mə fálni por kjo ə́ʃtə úləsja ímɛ]
Est-ce que cette place est libre?	**A është e zënë kjo ulëse?** [a ə́ʃtə ɛ zə́nə kjo úləsɛ?]
Puis-je m'asseoir ici?	**Mund të ulem këtu?** [mund tə úlɛm kətú?]

Sur le train - Dialogue (Pas de billet)

Votre billet, s'il vous plaît.	**Biletën, ju lutem.**
	[bilétǝn], [ju lútɛm]
Je n'ai pas de billet.	**Nuk kam biletë.**
	[nuk kam bilétǝ]
J'ai perdu mon billet.	**Humba biletën.**
	[húmba bilétǝn]
J'ai oublié mon billet à la maison.	**E harrova biletën në shtëpi.**
	[ɛ haróva bilétǝn nǝ ʃtǝpí]

Vous pouvez m'acheter un billet.	**Mund të blini biletën tek unë.**
	[mund tǝ blíni bilétǝn tɛk únǝ]
Vous devrez aussi payer une amende.	**Duhet gjithashtu të paguani gjobë.**
	[dúhɛt ɟiθaʃtú tǝ pagúani ɟóbǝ]
D'accord.	**Në rregull.**
	[nǝ réguɫ]
Où allez-vous?	**Ku po shkoni?**
	[ku po ʃkóni?]
Je vais à ...	**Po shkoj në ...**
	[po ʃkoj nǝ ...]

Combien? Je ne comprend pas.	**Sa kushton? Nuk kuptoj.**
	[sa kuʃtón? nuk kuptój]
Pouvez-vous l'écrire, s'il vous plaît.	**Shkruajeni, ju lutem.**
	[ʃkrúajɛni], [ju lútɛm]
D'accord. Puis-je payer avec la carte?	**Në rregull. Mund të paguaj me kartelë krediti?**
	[nǝ réguɫ. mund tǝ pagúaj mɛ kartélǝ krɛdíti?]
Oui, bien sûr.	**Po, mundeni.**
	[po], [múndɛni]

Voici votre reçu.	**Urdhëroni faturën.**
	[urðǝróni fatúrǝn]
Désolé pour l'amende.	**Më vjen keq për gjobën.**
	[mǝ vjɛn kɛc pǝr ɟóbǝn]
Ça va. C'est de ma faute.	**S'ka gjë. ishte gabimi im.**
	[s'ka ɟǝ. íʃtɛ gabími im]
Bon voyage.	**Rrugë të mbarë.**
	[rúgǝ tǝ mbárǝ]

Taxi

taxi	**taksi** [táksi]
chauffeur de taxi	**shofer taksie** [ʃofér taksíɛ]
prendre un taxi	**të kap taksi** [tə kap táksi]
arrêt de taxi	**stacion për taksi** [statsión pər táksi]
Où puis-je trouver un taxi?	**Ku mund të gjej një taksi?** [ku mund tə ɟɛj ɲə táksi?]
appeler un taxi	**thërras një taksi** [θərás ɲə táksi]
Il me faut un taxi.	**Më nevojitet taksi.** [mə nɛvojítɛt táksi]
maintenant	**Tani.** [taní]
Quelle est votre adresse?	**Cila është adresa juaj?** [tsíla éʃtə adrésa júaj?]
Mon adresse est ...	**Adresa ime është ...** [adrésa imɛ éʃtə ...]
Votre destination?	**Destinacioni juaj?** [dɛstinatsióni júaj?]
Excusez-moi, ...	**Më falni, ...** [mə fálni, ...]
Vous êtes libre ?	**Jeni i lirë?** [jéni i lírə?]
Combien ça coûte pour aller à ...?	**Sa kushton deri në ...?** [sa kuʃtón déri nə ...?]
Vous savez où ça se trouve?	**E dini ku ndodhet?** [ɛ díni ku ndóðɛt?]
À l'aéroport, s'il vous plaît.	**Në aeroport, ju lutem.** [nə aɛropórt], [ju lútɛm]
Arrêtez ici, s'il vous plaît.	**Ju lutem, ndaloni këtu.** [ju lútɛm], [ndalóni kətú]
Ce n'est pas ici.	**Nuk është këtu.** [nuk éʃtə kətú]
C'est la mauvaise adresse.	**Kjo është adresë e gabuar.** [kjo éʃtə adrésə ɛ gabúar]
tournez à gauche	**Kthehuni majtas.** [kθéhuni májtas]
tournez à droite	**Kthehuni djathtas.** [kθéhuni djáθtas]

Combien je vous dois?	**Sa ju detyrohem?** [sa ju dɛtyróhɛm?]
J'aimerais avoir un reçu, s'il vous plaît.	**Ju lutem, më jepni një faturë.** [ju lútɛm], [mə jépni ɲə fatúrə]
Gardez la monnaie.	**Mbajeni kusurin.** [mbájɛni kusúrin]

Attendez-moi, s'il vous plaît …	**Mund të më prisni, ju lutem?** [mund tə mə prísni], [ju lútɛm?]
cinq minutes	**pesë minuta** [pésə minúta]
dix minutes	**dhjetë minuta** [ðjétə minúta]
quinze minutes	**pesëmbëdhjetë minuta** [pɛsəmbəðjétə minúta]
vingt minutes	**njëzet minuta** [ɲəzét minúta]
une demi-heure	**gjysmë ore** [ɟýsmə órɛ]

Hôtel

Bonjour.	**Përshëndetje.** [pərʃəndétjɛ]
Je m'appelle ...	**Më quajnë ...** [mə cúajnə ...]
J'ai réservé une chambre.	**Kam një rezervim.** [kam ɲə rɛzɛrvím]

Je voudrais ...	**Më nevojitet ...** [mə nɛvojítɛt ...]
une chambre simple	**dhomë teke** [ðómə tékɛ]
une chambre double	**dhomë dyshe** [ðómə dýʃɛ]
C'est combien?	**Sa kushton?** [sa kuʃtón?]
C'est un peu cher.	**Është pak shtrenjtë.** [éʃtə pak ʃtréɲtə]

Avez-vous autre chose?	**Keni ndonjë gjë tjetër?** [kéni ndóɲə ɟə tjétər?]
Je vais la prendre.	**Do ta marr.** [do ta mar]
Je vais payer comptant.	**Do paguaj me para në dorë.** [do pagúaj mɛ pará nə dórə]

J'ai un problème.	**Kam një problem.** [kam ɲə problém]
Mon ... est cassé.	**Më është prishur ...** [mə éʃtə príʃur ...]
Mon ... ne fonctionne pas.	**Nuk funksionon ...** [nuk funksionón ...]
télé	**televizor** [tɛlɛvizór]
air conditionné	**kondicioner** [konditsionér]
robinet	**çezma** [tʃézma]

douche	**dushi** [duʃi]
évier	**lavamani** [lavamáni]
coffre-fort	**kasaforta** [kasafórta]

serrure de porte	**brava e derës** [bráva ɛ dérəs]
prise électrique	**paneli elektrik** [panéli ɛlɛktrík]
sèche-cheveux	**tharësja e flokëve** [θárəsja ɛ flókəvɛ]

Je n'ai pas ...	**Nuk kam ...** [nuk kam ...]
d'eau	**ujë** [újə]
de lumière	**drita** [dríta]
d'électricité	**korrent** [korént]

Pouvez-vous me donner ...?	**Mund të më jepni ...?** [mund tə mə jépni ...?]
une serviette	**një peshqir** [ɲə pɛʃcír]
une couverture	**një çarçaf** [ɲə tʃartʃáf]
des pantoufles	**shapka** [ʃápka]
une robe de chambre	**penuar** [pɛnuár]
du shampoing	**shampo** [ʃampó]
du savon	**sapun** [sapún]

Je voudrais changer ma chambre.	**Dua të ndryshoj dhomën.** [dúa tə ndryʃój ðómən]
Je ne trouve pas ma clé.	**Nuk po gjej çelësin.** [nuk po ɟɛj tʃéləsin]
Pourriez-vous ouvrir ma chambre, s'il vous plaît?	**Mund të më hapni derën, ju lutem?** [mund tə mə hápni dérən], [ju lútɛm?]
Qui est là?	**Kush është?** [kuʃ éʃtə?]
Entrez!	**Hyni!** [hýni!]
Une minute!	**Një minutë!** [ɲə minútə!]
Pas maintenant, s'il vous plaît.	**Jo tani, ju lutem.** [jo taní], [ju lútɛm]

Pouvez-vous venir à ma chambre, s'il vous plaît.	**Ju lutem, ejani në dhomë.** [ju lútɛm], [éjani nə ðómə]
J'aimerais avoir le service d'étage.	**Dua të porosisja ushqim.** [dúa tə porosísja uʃcím]
Mon numéro de chambre est le ...	**Numri i dhomës është ...** [númri i ðóməs éʃtə ...]

Je pars ...	**Po largohem ...** [po largóhɛm ...]
Nous partons ...	**Po largohemi ...** [po largóhɛmi ...]
maintenant	**tani** [taní]
cet après-midi	**këtë pasdite** [kə́tə pasdítɛ]
ce soir	**sonte** [sóntɛ]
demain	**nesër** [nésər]
demain matin	**nesër në mëngjes** [nésər nə mənɟés]
demain après-midi	**nesër në mbrëmje** [nésər nə mbrə́mjɛ]
après-demain	**pasnesër** [pasnésər]

Je voudrais régler mon compte.	**Dua të paguaj.** [dúa tə pagúaj]
Tout était merveilleux.	**Gjithçka ishte e mrekullueshme.** [ɟiθʧká íʃtɛ ɛ mrɛkuɫúɛʃmɛ]
Où puis-je trouver un taxi?	**Ku mund të gjej një taksi?** [ku mund tə ɟɛj ɲə táksi?]
Pourriez-vous m'appeler un taxi, s'il vous plaît?	**Mund të më thërrisni një taksi, ju lutem?** [mund tə mə θərrísni ɲə táksi], [ju lútɛm?]

Restaurant

Puis-je voir le menu, s'il vous plaît?	**Mund të shoh menynë, ju lutem?** [mund tə ʃoh mɛnýnə], [ju lútɛm?]
Une table pour une personne.	**Tavolinë për një person.** [tavolínə pər ɲə pɛrsón]
Nous sommes deux (trois, quatre).	**Jemi dy (tre, katër) vetë.** [jémi dy (trɛ], [kátər) vétə]

Fumeurs	**Lejohet duhani** [lɛjóhɛt duháni]
Non-fumeurs	**Ndalohet duhani** [ndalóhɛt duháni]
S'il vous plaît!	**Më falni!** [mə fálni!]
menu	**menyja** [mɛnýja]
carte des vins	**menyja e verave** [mɛnýja ɛ véravɛ]
Le menu, s'il vous plaît.	**Menynë, ju lutem.** [mɛnýnə], [ju lútɛm]

Êtes-vous prêts à commander?	**Jeni gati për të dhënë porosinë?** [jéni gáti pər tə ðénə porosínə?]
Qu'allez-vous prendre?	**Çfarë do të merrni?** [tʃfárə do tə mérni?]
Je vais prendre ...	**Do të marr ...** [do tə mar ...]

Je suis végétarien.	**Jam vegjetarian /vegjetariane/.** [jam vɛɟetarián /vɛɟetariánɛ/]
viande	**mish** [miʃ]
poisson	**peshk** [pɛʃk]
légumes	**perime** [pɛrímɛ]
Avez-vous des plats végétariens?	**Keni gatime për vegjetarianë?** [kéni gatímɛ pər vɛɟetariánə?]
Je ne mange pas de porc.	**Nuk ha mish derri.** [nuk ha miʃ déri]
Il /elle/ ne mange pas de viande.	**Ai /Ajo/ nuk ha mish.** [aí /ajó/ nuk ha miʃ]
Je suis allergique à ...	**Kam alergji nga ...** [kam alɛɟí ŋa ...]

Pourriez-vous m'apporter ..., s'il vous plaît.	**Mund të më sillni ...** [mund tə mə síłni ...]
le sel | le poivre | du sucre	**kripë | piper | sheqer** [krípə | pipér | ʃɛcér]
un café | un thé | un dessert	**kafe | çaj | ëmbëlsirë** [káfɛ | tʃaj | əmbəlsírə]
de l'eau | gazeuse | plate	**ujë | me gaz | pa gaz** [újə | mɛ gaz | pa gaz]
une cuillère | une fourchette | un couteau	**një lugë | pirun | thikë** [ɲə lúgə | pirún | θíkə]
une assiette | une serviette	**një pjatë | pecetë** [ɲə pjátə | pɛtsétə]

Bon appétit!	**Ju bëftë mirë!** [ju béftə mírə!]
Un de plus, s'il vous plaît.	**Dhe një tjetër, ju lutem.** [ðɛ ɲə tjétər], [ju lútɛm]
C'était délicieux.	**ishte shumë e shijshme.** [íʃtɛ ʃúmə ɛ ʃíjʃmɛ]

l'addition | de la monnaie | le pourboire	**llogari | kusur | bakshish** [ɫogarí | kusúr | bakʃíʃ]
L'addition, s'il vous plaît.	**Llogarinë, ju lutem.** [ɫogarínə], [ju lútɛm]
Puis-je payer avec la carte?	**Mund të paguaj me kartelë krediti?** [mund tə pagúaj mɛ kartélə krɛdíti?]
Excusez-moi, je crois qu'il y a une erreur ici.	**Më falni por ka një gabim këtu.** [mə fálni por ka ɲə gabím kətú]

Shopping. Faire les Magasins

Est-ce que je peux vous aider?	**Mund t'ju ndihmoj?** [mund t'ju ndihmój?]
Avez-vous ... ?	**Keni ...?** [kéni ...?]
Je cherche ...	**Kërkoj ...** [kərkój ...]
Il me faut ...	**Më nevojitet ...** [mə nɛvojítɛt ...]

Je regarde seulement, merci.	**Thjesht po shoh.** [θjɛʃt po ʃoh]
Nous regardons seulement, merci.	**Thjesht po shohim.** [θjɛʃt po ʃóhim]
Je reviendrai plus tard.	**Do vij më vonë.** [do víj mə vónə]
On reviendra plus tard.	**Do vijmë më vonë.** [do víjmə mə vónə]
Rabais | Soldes	**ulje çmimesh | ulje** [úljɛ tʃmímɛʃ | úljɛ]

Montrez-moi, s'il vous plaît ...	**Ju lutem mund të më tregoni ...** [ju lútɛm mund tə mə trɛgóni ...]
Donnez-moi, s'il vous plaît ...	**Ju lutem mund të më jepni ...** [ju lútɛm mund tə mə jépni ...]
Est-ce que je peux l'essayer?	**Mund ta provoj?** [mund ta provój?]
Excusez-moi, où est la cabine d'essayage?	**Më falni, ku është dhoma e provës?** [mə fálni], [ku éʃtə ðóma ɛ próvəs?]
Quelle couleur aimeriez-vous?	**Çfarë ngjyre e doni?** [tʃfárə nɟýrɛ ɛ dóni?]
taille | longueur	**numri | gjatësia** [númri | ɟatəsía]
Est-ce que la taille convient ?	**Si ju rri?** [si ju ri?]

Combien ça coûte?	**Sa kushton?** [sa kuʃtón?]
C'est trop cher.	**Është shumë shtrenjtë.** [éʃtə ʃúmə ʃtréɲtə]
Je vais le prendre.	**Do ta marr.** [do ta mar]
Excusez-moi, où est la caisse?	**Më falni, ku duhet të paguaj?** [mə fálni], [ku dúhɛt tə pagúaj?]

Payerez-vous comptant ou par carte de crédit?

Do paguani me para në dorë apo kartelë krediti?
[do pagúani mɛ pará nə dórə apo kartélə krɛdíti?]

Comptant | par carte de crédit

Me para në dorë | me kartelë krediti
[mɛ pará nə dórə | mɛ kartélə krɛdíti]

Voulez-vous un reçu?

Dëshironi faturën?
[dəʃiróni fatúrən?]

Oui, s'il vous plaît.

Po faleminderit.
[po falɛmindérit]

Non, ce n'est pas nécessaire.

Jo, s'ka problem.
[jo], [s'ka problém]

Merci. Bonne journée!

Faleminderit. Ditë të mbarë!
[falɛmindérit. dítə tə mbárə!]

En ville

Excusez-moi, …	**Më falni, ju lutem.** [mə fálni], [ju lútɛm]
Je cherche …	**Kërkoj …** [kərkój …]
le métro	**metronë** [mɛtrónə]
mon hôtel	**hotelin** [hotélin]
le cinéma	**kinemanë** [kinɛmánə]
un arrêt de taxi	**një stacion për taksi** [ɲə statsión pər táksi]

un distributeur	**një bankomat** [ɲə bankomát]
un bureau de change	**një zyrë shkëmbimi parash** [ɲə zýrə ʃkəmbími paráʃ]
un café internet	**një internet kafe** [ɲə intɛrnét káfɛ]
la rue …	**rrugën …** [rúgən …]
cette place-ci	**këtë vend** [kétə vɛnd]

Savez-vous où se trouve …?	**Dini ku ndodhet …?** [díni ku ndóðɛt …?]
Quelle est cette rue?	**Cila rrugë është kjo?** [tsíla rúgə éʃtə kjó?]

Montrez-moi où sommes-nous, s'il vous plaît.	**Më tregoni ku ndodhemi tani.** [mə trɛgóni ku ndóðɛmi taní]
Est-ce que je peux y aller à pied?	**Mund të shkoj me këmbë deri atje?** [mund tə ʃkoj mɛ kémbə déri atjé?]
Avez-vous une carte de la ville?	**Keni hartë të qytetit?** [kéni hártə tə cytétit?]

C'est combien pour un ticket?	**Sa kushton një biletë hyrje?** [sa kuʃtón ɲə bilétə hýrjɛ?]
Est-ce que je peux faire des photos?	**Mund të bëj fotografi këtu?** [mund tə bəj fotografí kətú?]
Êtes-vous ouvert?	**Jeni të hapur?** [jéni tə hápur?]

À quelle heure ouvrez-vous?

Kur hapeni?
[kur hápɛni?]

À quelle heure fermez-vous?

Kur mbylleni?
[kur mbýɫɛni?]

L'argent

argent	**para** [pará]
argent liquide	**para në dorë** [pará nə dórə]
des billets	**kartëmonedha** [kartəmonéða]
petite monnaie	**kusur** [kusúr]
l'addition | de la monnaie | le pourboire	**llogari | kusur | bakshish** [ɫogarí | kusúr | bakʃíʃ]

carte de crédit	**kartelë krediti** [kartélə krɛdíti]
portefeuille	**portofol** [portofól]
acheter	**të blej** [tə blɛj]
payer	**të paguaj** [tə pagúaj]
amende	**gjobë** [ɟóbə]
gratuit	**falas** [fálas]

Où puis-je acheter … ?	**Ku mund të blej …?** [ku mund tə bléj …?]
Est-ce que la banque est ouverte en ce moment?	**Është banka e hapur tani?** [éʃtə bánka ɛ hápur taní?]
À quelle heure ouvre-t-elle?	**Kur hapet?** [kur hápɛt?]
À quelle heure ferme-t-elle?	**Kur mbyllet?** [kur mbýɫɛt?]

C'est combien?	**Sa kushton?** [sa kuʃtón?]
Combien ça coûte?	**Sa kushton kjo?** [sa kuʃtón kjo?]
C'est trop cher.	**Është shumë shtrenjtë.** [éʃtə ʃúmə ʃtréɲtə]

Excusez-moi, où est la caisse?	**Më falni, ku duhet të paguaj?** [mə fálni], [ku dúhɛt tə pagúaj?]
L'addition, s'il vous plaît.	**Llogarinë, ju lutem.** [ɫogarínə], [ju lútɛm]

Puis-je payer avec la carte?	**Mund të paguaj me kartelë krediti?** [mund tə pagúaj mɛ kartélə krɛdíti?]
Est-ce qu'il y a un distributeur ici?	**Ka ndonjë bankomat këtu?** [ka ndóɲə bankomát kətú?]
Je cherche un distributeur.	**Kërkoj një bankomat.** [kərkój ɲə bankomát]

Je cherche un bureau de change.	**Kërkoj një zyrë të këmbimit valutor.** [kərkój ɲə zýrə tə kəmbímit valutór]
Je voudrais changer ...	**Dua të këmbej ...** [dúa tə kəmbéj ...]
Quel est le taux de change?	**Sa është kursi i këmbimit?** [sa əʃtə kúrsi i kəmbímit?]
Avez-vous besoin de mon passeport?	**Ju duhet pasaporta ime?** [ju dúhɛt pasapórta ímɛ?]

Le temps

Quelle heure est-il?	**Sa është ora?** [sa ə́ʃtə óra?]
Quand?	**Kur?** [kur?]

À quelle heure?	**Në çfarë ore?** [nə tʃfárə órɛ?]
maintenant | plus tard | après ...	**tani | më vonë | pas ...** [taní | mə vónə | pas ...]

une heure	**ora një** [óra ɲə]
une heure et quart	**një e çerek** [ɲə ɛ tʃɛrék]
une heure et demie	**një e tridhjetë** [ɲə ɛ triðjétə]
deux heures moins quart	**një e dyzet e pesë** [ɲə ɛ dyzét ɛ pésə]

un | deux | trois	**një | dy | tre** [ɲə | dy | trɛ]
quatre | cinq | six	**katër | pesë | gjashtë** [kátər | pésə | ɟáʃtə]
sept | huit | neuf	**shtatë | tetë | nëntë** [ʃtátə | tétə | nə́ntə]
dix | onze | douze	**dhjetë | njëmbëdhjetë | dymbëdhjetë** [ðjétə | ɲəmbəðjétə | dymbəðjétə]

dans ...	**për ...** [pər ...]
cinq minutes	**pesë minuta** [pésə minúta]
dix minutes	**dhjetë minuta** [ðjétə minúta]
quinze minutes	**pesëmbëdhjetë minuta** [pɛsəmbəðjétə minúta]
vingt minutes	**njëzet minuta** [ɲəzét minúta]
une demi-heure	**gjysmë ore** [ɟýsmə órɛ]
une heure	**një orë** [ɲə órə]

43

dans la matinée	**në mëngjes** [nə mənɟés]
tôt le matin	**në mëngjes herët** [nə mənɟés hérət]
ce matin	**sot në mëngjes** [sot nə mənɟés]
demain matin	**nesër në mëngjes** [nésər nə mənɟés]

à midi	**në mesditë** [nə mɛsdítə]
dans l'après-midi	**në pasdite** [nə pasdítɛ]
dans la soirée	**në mbrëmje** [nə mbrémjɛ]
ce soir	**sonte** [sóntɛ]

la nuit	**natën** [nátən]
hier	**dje** [djé]
aujourd'hui	**sot** [sot]
demain	**nesër** [nésər]
après-demain	**pasnesër** [pasnésər]

Quel jour sommes-nous aujourd'hui?	**Çfarë dite është sot?** [tʃfárə dítɛ éʃtə sot?]
Nous sommes ...	**Është ...** [éʃtə ...]
lundi	**E hënë** [ɛ hénə]
mardi	**E martë** [ɛ mártə]
mercredi	**E mërkurë** [ɛ mərkúrə]

jeudi	**E enjte** [ɛ éɲtɛ]
vendredi	**E premte** [ɛ prémtɛ]
samedi	**E shtunë** [ɛ ʃtúnə]
dimanche	**E diel** [ɛ díɛl]

Salutations - Introductions

Bonjour.

Përshëndetje.
[pərʃəndétjɛ]

Enchanté /Enchantée/

Kënaqësi që u njohëm.
[kənacəsí cə u ɲóhəm]

Moi aussi.

Gjithashtu.
[ɟiθaʃtú]

Je voudrais vous présenter ...

Ju prezantoj me ...
[ju prɛzantój mɛ ...]

Ravi de vous rencontrer.

Gëzohem që u njohëm.
[gəzóhɛm cə u ɲóhəm]

Comment allez-vous?

Si jeni?
[si jéni?]

Je m'appelle ...

Më quajnë ...
[mə cúajnə ...]

Il s'appelle ...

Ai quhet ...
[ai cúhɛt ...]

Elle s'appelle ...

Ajo quhet ...
[ajó cúhɛt ...]

Comment vous appelez-vous?

Si quheni?
[si cúhɛni?]

Quel est son nom? (m)

Si e quajnë?
[si ɛ cúajnə?]

Quel est son nom? (f)

Si e quajnë?
[si ɛ cúajnə?]

Quel est votre nom de famille?

Si e keni mbiemrin?
[si ɛ kéni mbiémrin?]

Vous pouvez m'appeler ...

Mund të më thërrisni ...
[mund tə mə θərísni ...]

D'où êtes-vous?

Nga jeni?
[ŋa jéni?]

Je suis de ...

Jam nga ...
[jam ŋa ...]

Qu'est-ce que vous faites dans la vie?

Me çfarë merreni?
[mɛ tʃfárə mérɛni?]

Qui est-ce?

Kush është ky?
[kuʃ éʃtə ky?]

Qui est-il?

Kush është ai?
[kuʃ éʃtə ái?]

Qui est-elle?

Kush është ajo?
[kuʃ əʃtə ajó?]

Qui sont-ils?

Kush janë ata?
[kuʃ jánə atá?]

C'est ...	**Ky /Kjo/ është ...**
	[ky /kjo/ ə́ʃtə ...]
mon ami	**shoku im**
	[ʃóku im]
mon amie	**shoqja ime**
	[ʃócja ímɛ]
mon mari	**bashkëshorti im**
	[baʃkəʃórti im]
ma femme	**bashkëshortja ime**
	[baʃkəʃórtja imɛ]
mon père	**babai im**
	[babái im]
ma mère	**nëna ime**
	[nə́na ímɛ]
mon frère	**vëllai im**
	[vəɫái im]
ma sœur	**motra ime**
	[mótra ímɛ]
mon fils	**djali im**
	[djáli im]
ma fille	**vajza ime**
	[vájza ímɛ]
C'est notre fils.	**Ky është djali ynë.**
	[ky ə́ʃtə djáli ýnə]
C'est notre fille.	**Kjo është vajza jonë.**
	[kjo ə́ʃtə vájza jónə]
Ce sont mes enfants.	**Këta janë fëmijët e mi.**
	[kətá jánə fəmíjət ɛ mi]
Ce sont nos enfants.	**Këta janë fëmijët tanë.**
	[kətá jánə fəmíjət tánə]

Les adieux

Au revoir!	**Mirupafshim!** [mirupáfʃim!]
Salut!	**Pafshim!** [páfʃim!]
À demain.	**Shihemi nesër.** [ʃíhɛmi nésər]
À bientôt.	**Shihemi së shpejti.** [ʃíhɛmi sə ʃpéjti]
On se revoit à sept heures.	**Shihemi në orën shtatë.** [ʃíhɛmi nə órən ʃtátə]

Amusez-vous bien!	**ia kalofshi mirë!** [ía kalófʃi mírə!]
On se voit plus tard.	**Flasim më vonë.** [flásim mə vónə]
Bonne fin de semaine.	**Fundjavë të këndshme.** [fundjávə tə kəndʃmɛ]
Bonne nuit.	**Natën e mirë.** [nátən ɛ mírə]

Il est l'heure que je parte.	**erdhi koha të ik.** [érði kóha tə ik]
Je dois m'en aller.	**Duhet të ik.** [dúhɛt tə ik]
Je reviens tout de suite.	**Kthehem menjëherë.** [kθéhɛm mɛɲəhérə]

Il est tard.	**Është vonë.** [əʃtə vónə]
Je dois me lever tôt.	**Duhet të ngrihem herët.** [dúhɛt tə ŋríhɛm hérət]
Je pars demain.	**Do ik nesër.** [do ik nésər]
Nous partons demain.	**Do ikim nesër.** [do íkim nésər]

Bon voyage!	**Udhëtim të mbarë!** [uðətím tə mbárə!]
Enchanté de faire votre connaissance.	**ishte kënaqësi.** [íʃtɛ kənacəsí]
Heureux /Heureuse/ d'avoir parlé avec vous.	**ishte kënaqësi që folëm.** [íʃtɛ kənacəsí cə fóləm]
Merci pour tout.	**Faleminderit për gjithçka.** [falɛmindérit pər ɟíθtʃka]

Je me suis vraiment amusé /amusée/   **ia kalova shumë mirë.**
[ía kalóva ʃúmə mírə]

Nous nous sommes vraiment
amusés /amusées/   **ia kaluam shumë mirë.**
[ía kalúam ʃúmə mírə]

C'était vraiment plaisant.   **ishte vërtet fantastike.**
[íʃtɛ vərtét fantastíkɛ]

Vous allez me manquer.   **Do më marrë malli.**
[do mə márə máɬi]

Vous allez nous manquer.   **Do na marrë malli.**
[do na márə máɬi]

Bonne chance!   **Suksese!**
[suksésɛ!]

Mes salutations à …   **I bën të fala …**
[i bən tə fála …]

Une langue étrangère

Je ne comprends pas.	**Nuk kuptoj.** [nuk kuptój]
Écrivez-le, s'il vous plaît.	**Shkruajeni, ju lutem.** [ʃkrúajɛni], [ju lútɛm]
Parlez-vous …?	**Flisni …?** [flísni …?]

Je parle un peu …	**Flas pak …** [flás pak …]
anglais	**Anglisht** [aŋlíʃt]
turc	**Turqisht** [turcíʃt]
arabe	**Arabisht** [arabíʃt]
français	**Frëngjisht** [frənɟíʃt]

allemand	**Gjermanisht** [ɟɛrmaníʃt]
italien	**Italisht** [italíʃt]
espagnol	**Spanjisht** [spaɲíʃt]
portugais	**Portugalisht** [portugalíʃt]
chinois	**Kinezisht** [kinɛzíʃt]
japonais	**Japonisht** [japoníʃt]

Pouvez-vous le répéter, s'il vous plaît.	**Mund ta përsërisni, ju lutem.** [mund ta pərsərísni], [ju lútɛm]
Je comprends.	**Kuptoj.** [kuptój]
Je ne comprends pas.	**Nuk kuptoj.** [nuk kuptój]
Parlez plus lentement, s'il vous plaît.	**Ju lutem, flisni më ngadalë.** [ju lútɛm], [flísni mə ŋadálə]

Est-ce que c'est correct?	**E saktë?** [ɛ sáktə?]
Qu'est-ce que c'est?	**Çfarë është kjo?** [tʃfárə əʃtə kjó?]

Les excuses

Excusez-moi, s'il vous plaît.	**Më falni.** [mə fálni]
Je suis désolé /désolée/	**Më vjen keq.** [mə vjɛn kɛc]
Je suis vraiment /désolée/	**Më vjen shumë keq.** [mə vjɛn ʃúmə kɛc]
Désolé /Désolée/, c'est ma faute.	**Më fal, është faji im.** [mə fal], [éʃtə fáji im]
Au temps pour moi.	**Gabimi im.** [gabími im]
Puis-je ... ?	**Mund të ...?** [mund tə ...?]
Ça vous dérange si je ...?	**Ju vjen keq nëse ...?** [ju vjɛn kɛc nə́sɛ ...?]
Ce n'est pas grave.	**Është në rregull.** [éʃtə nə réguɬ]
Ça va.	**Është në rregull.** [éʃtə nə réguɬ]
Ne vous inquiétez pas.	**Mos u shqetësoni.** [mos u ʃcɛtəsóni]

Les accords

Oui	**Po.** [po]
Oui, bien sûr.	**Po, sigurisht.** [po], [siguríʃt]
Bien.	**Në rregull.** [nə réguɬ]
Très bien.	**Shumë mirë.** [ʃúmə mírə]
Bien sûr!	**Sigurisht!** [siguríʃt!]
Je suis d'accord.	**Jam dakord.** [jam dakórd]

C'est correct.	**E saktë.** [ɛ sáktə]
C'est exact.	**E drejtë.** [ɛ dréjtə]
Vous avez raison.	**Keni të drejtë.** [kéni tə dréjtə]
Je ne suis pas contre.	**S'e kam problem.** [s'ɛ kam problém]
Tout à fait correct.	**Absolutisht e drejtë.** [absolutíʃt ɛ dréjtə]

C'est possible.	**Është e mundur.** [əʃtə ɛ múndur]
C'est une bonne idée.	**Ide e mirë.** [idé ɛ mírə]
Je ne peux pas dire non.	**Nuk them dot jo.** [nuk θɛm dot jo]
J'en serai ravi /ravie/	**Është kënaqësi.** [əʃtə kənacəsí]
Avec plaisir.	**Me kënaqësi.** [mɛ kənacəsí]

Refus, exprimer le doute

Non	**Jo.** [jo]
Absolument pas.	**Sigurisht që jo.** [siguríʃt cə jo]
Je ne suis pas d'accord.	**Nuk jam dakord.** [nuk jam dakórd]
Je ne le crois pas.	**Nuk ma ha mendja.** [nuk ma ha méndja]
Ce n'est pas vrai.	**Nuk është e vërtetë.** [nuk éʃtə ɛ vərtétə]
Vous avez tort.	**E keni gabim.** [ɛ kéni gabím]
Je pense que vous avez tort.	**Më duket se e keni gabim.** [mə dúkɛt sɛ ɛ kéni gabím]
Je ne suis pas sûr /sûre/	**Nuk jam i sigurt.** [nuk jam i sígurt]
C'est impossible.	**Është e pamundur.** [éʃtə ɛ pámundur]
Pas du tout!	**Asgjë e këtij lloji!** [asɟə ɛ kətíj ɬóji!]
Au contraire!	**Krejt e kundërta.** [kréjt ɛ kúndərta]
Je suis contre.	**Jam kundër.** [jam kúndər]
Ça m'est égal.	**Nuk më intereson.** [nuk mə intɛrɛsón]
Je n'ai aucune idée.	**Nuk e kam idenë.** [nuk ɛ kam idénə]
Je doute que cela soit ainsi.	**Dyshoj.** [dyʃój]
Désolé /Désolée/, je ne peux pas.	**Më falni, nuk mundem.** [mə fálni], [nuk múndɛm]
Désolé /Désolée/, je ne veux pas.	**Më vjen keq, nuk dua.** [mə vjɛn kɛc], [nuk dúa]
Merci, mais ça ne m'intéresse pas.	**Faleminderit, por s'kam nevojë për këtë.** [falɛmindérit], [por s'kam nɛvójə pər kətə]

Il se fait tard.

Po shkon vonë.
[po ʃkon vónə]

Je dois me lever tôt.

Duhet të ngrihem herët.
[dúhɛt tə ŋríhɛm hérət]

Je ne me sens pas bien.

Nuk ndihem mirë.
[nuk ndíhɛm mírə]

Exprimer la gratitude

Merci.	**Faleminderit.** [falɛmindérit]
Merci beaucoup.	**Faleminderit shumë.** [falɛmindérit ʃúmə]
Je l'apprécie beaucoup.	**E vlerësoj shumë.** [ɛ vlɛrəsój ʃúmə]
Je vous suis très reconnaissant.	**Ju jam shumë mirënjohës.** [ju jam ʃúmə mirəɲóhəs]
Nous vous sommes très reconnaissant.	**Ju jemi shumë mirënjohës.** [ju jémi ʃúmə mirəɲóhəs]

Merci pour votre temps.	**Faleminderit për kohën që** **më kushtuat.** [falɛmindérit pər kóhən cə mə kuʃtúat]
Merci pour tout.	**Faleminderit për gjithçka.** [falɛmindérit pər ɟíθtʃka]
Merci pour ...	**Faleminderit për ...** [falɛmindérit pər ...]
votre aide	**ndihmën tuaj** [ndíhmən túaj]
les bons moments passés	**kohën e këndshme** [kóhən ɛ kéndʃmɛ]

un repas merveilleux	**një vakt i mrekullueshëm** [ɲə vakt i mrɛkuɫúɛʃəm]
cette agréable soirée	**një mbrëmje e këndshme** [ɲə mbrémjɛ ɛ kéndʃmɛ]
cette merveilleuse journée	**një ditë e mrekullueshme** [ɲə dítə ɛ mrɛkuɫúɛʃmɛ]
une excursion extraordinaire	**një udhëtim i mahnitshëm** [ɲə uðətím i mahnítʃəm]

Il n'y a pas de quoi.	**Mos u shqetësoni fare.** [mos u ʃcɛtəsóni fárɛ]
Vous êtes les bienvenus.	**Ju lutem.** [ju lútɛm]
Mon plaisir.	**Në çdo kohë.** [nə tʃdo kóhə]
J'ai été heureux /heureuse/ de vous aider.	**Kënaqësia ime.** [kənacəsía ímɛ]

Ça va. N'y pensez plus.

Harroje.
[harójɛ]

Ne vous inquiétez pas.

Mos u shqetësoni.
[mos u ʃcɛtəsóni]

Félicitations. Vœux de fête

Félicitations!	**Urime!** [urímɛ!]
Joyeux anniversaire!	**Gëzuar ditëlindjen!** [gəzúar ditəlíndjɛn!]
Joyeux Noël!	**Gëzuar Krishtlindjet!** [gəzúar kriʃtlíndjɛt!]
Bonne Année!	**Gëzuar Vitin e Ri!** [gəzúar vítin ɛ ri!]

Joyeuses Pâques!	**Gëzuar Pashkët!** [gəzúar páʃkət!]
Joyeux Hanoukka!	**Gëzuar Hanukkah!** [gəzúar hanúkkah!]

Je voudrais proposer un toast.	**Dua të ngre një dolli.** [dúa tə ŋré ɲə doɫí]
Santé!	**Gëzuar!** [gəzúar!]
Buvons à ...!	**Le të pijmë në shëndetin e ...!** [lɛ tə píjmə nə ʃəndétin ɛ ...!]
À notre succès!	**Për suksesin tonë!** [pər suksésin tónə!]
À votre succès!	**Për suksesin tuaj!** [pər suksésin túaj!]

Bonne chance!	**Suksese!** [suksésɛ!]
Bonne journée!	**Uroj një ditë të mbarë!** [urój ɲə dítə tə mbárə!]
Passez de bonnes vacances !	**Uroj pushime të këndshme!** [urój puʃímɛ tə kéndʃmɛ!]
Bon voyage!	**Udhëtim të mbarë!** [uðətím tə mbárə!]
Rétablissez-vous vite.	**Ju dëshiroj shërim të shpejtë!** [ju dəʃirój ʃərím tə ʃpéjtə!]

Socialiser

Pourquoi êtes-vous si triste?	**Pse jeni i /e/ mërzitur?** [psɛ jéni i /ɛ/ mərzítur?]
Souriez!	**Buzëqeshni! Gëzohuni!** [buzəcéʃni! gəzóhuni!]
Êtes-vous libre ce soir?	**Je i /e/ lirë sonte?** [jɛ i /ɛ/ lírə sóntɛ?]

Puis-je vous offrir un verre?	**Mund t'ju ofroj një pije?** [mund t'ju ofrój ɲə píjɛ?]
Voulez-vous danser?	**Doni të kërcejmë?** [dóni tə kərtséjmə?]
Et si on va au cinéma?	**Shkojmë në kinema.** [ʃkójmə nə kinɛmá]

Puis-je vous inviter ...	**Mund t'ju ftoj ...?** [mund t'ju ftoj ...?]
au restaurant	**në restorant** [nə rɛstoránt]
au cinéma	**në kinema** [nə kinɛmá]
au théâtre	**në teatër** [nə tɛátər]
pour une promenade	**për një shëtitje** [pər ɲə ʃətítjɛ]

À quelle heure?	**Në çfarë ore?** [nə tʃfárə órɛ?]
ce soir	**sonte** [sóntɛ]
à six heures	**në gjashtë** [nə ɟáʃtə]
à sept heures	**në shtatë** [nə ʃtátə]
à huit heures	**në tetë** [nə tétə]
à neuf heures	**në nëntë** [nə néntə]

Est-ce que vous aimez cet endroit?	**Ju pëlqen këtu?** [ju pəlcén kətú?]
Êtes-vous ici avec quelqu'un?	**Keni ardhur të shoqëruar?** [kéni árður tə ʃocərúar?]
Je suis avec mon ami.	**Jam me një shok /shoqe/.** [jam mɛ ɲə ʃok /ʃócɛ/]

Je suis avec mes amis.	**Jam me shoqëri.** [jam mɛ ʃocərí]
Non, je suis seul /seule/	**Jo, jam vetëm.** [jo], [jam vétəm]

As-tu un copain?	**Ke të dashur?** [kɛ tə dáʃur?]
J'ai un copain.	**Kam të dashur.** [kam tə dáʃur]
As-tu une copine?	**Ke të dashur?** [kɛ tə dáʃur?]
J'ai une copine.	**Kam të dashur.** [kam tə dáʃur]

Est-ce que je peux te revoir?	**Mund të takohemi përsëri?** [mund tə takóhɛmi pərsərí?]
Est-ce que je peux t'appeler?	**Mund të të telefonoj?** [mund tə tə tɛlɛfonój?]
Appelle-moi.	**Më telefono.** [mə tɛlɛfonó]
Quel est ton numéro?	**Cili është numri yt?** [tsíli éʃtə númri yt?]
Tu me manques.	**Më mungon.** [mə muŋón]

Vous avez un très beau nom.	**Keni emër të bukur.** [kéni émər tə búkur]
Je t'aime.	**Të dua.** [tə dúa]
Veux-tu te marier avec moi?	**Do martohesh me mua?** [do martóhɛʃ mɛ múa?]
Vous plaisantez!	**Bëni shaka!** [béni ʃaká!]
Je plaisante.	**Bëj shaka.** [bəj ʃaká]

Êtes-vous sérieux /sérieuse/?	**E keni seriozisht?** [ɛ kéni sɛriozíʃt?]
Je suis sérieux /sérieuse/	**E kam seriozisht.** [ɛ kam sɛriozíʃt]
Vraiment?!	**Vërtet?!** [vərtét?!]
C'est incroyable!	**E pabesueshme!** [ɛ pabɛsúɛʃmɛ!]
Je ne vous crois pas.	**S'ju besoj.** [s'ju bɛsój]
Je ne peux pas.	**S'mundem.** [s'múndɛm]
Je ne sais pas.	**Nuk e di.** [nuk ɛ di]
Je ne vous comprends pas	**Nuk ju kuptoj.** [nuk ju kuptój]

Laissez-moi! Allez-vous-en!	**Ju lutem largohuni.** [ju lútɛm largóhuni]
Laissez-moi tranquille!	**Më lini të qetë!** [mə líni tə cétə!]

Je ne le supporte pas.	**Se duroj dot.** [sɛ durój dot]
Vous êtes dégoûtant!	**Jeni të neveritshëm!** [jéni tə nɛvɛrítʃəm!]
Je vais appeler la police!	**Do thërras policinë!** [do θərás politsínə!]

Partager des impressions. Émotions

J'aime ça.	**Më pëlqen.** [mə pəlcén]
C'est gentil.	**Shumë bukur** [ʃúmə búkur]
C'est super!	**Fantastike!** [fantastíkɛ!]
C'est assez bien.	**Nuk është keq.** [nuk éʃtə kɛc]

Je n'aime pas ça.	**Nuk më pëlqen.** [nuk mə pəlcén]
Ce n'est pas bien.	**Nuk është mirë.** [nuk éʃtə mírə]
C'est mauvais.	**Është keq.** [éʃtə kɛc]
Ce n'est pas bien du tout.	**Është shumë keq.** [éʃtə ʃúmə kɛc]
C'est dégoûtant.	**Është e shpifur.** [éʃtə ɛ ʃpífur]

Je suis content /contente/	**Jam i /e/ lumtur.** [jam i /ɛ/ lúmtur]
Je suis heureux /heureuse/	**Jam i /e/ kënaqur.** [jam i /ɛ/ kənácur]
Je suis amoureux /amoureuse/	**Jam i /e/ dashuruar.** [jam i /ɛ/ daʃurúar]
Je suis calme.	**Jam i /e/ qetë.** [jam i /ɛ/ cétə]
Je m'ennuie.	**Jam i /e/ mërzitur.** [jam i /ɛ/ mərzítur]

Je suis fatigué /fatiguée/	**Jam i /e/ lodhur.** [jam i /ɛ/ lóður]
Je suis triste.	**Jam i /e/ trishtuar.** [jam i /ɛ/ triʃtúar]
J'ai peur.	**Jam i /e/ frikësuar.** [jam i /ɛ/ frikəsúar]

Je suis fâché /fâchée/	**Jam i /e/ zemëruar.** [jam i /ɛ/ zɛmərúar]
Je suis inquiet /inquiète/	**Jam i /e/ shqetësuar.** [jam i /ɛ/ ʃcɛtəsúar]
Je suis nerveux /nerveuse/	**Jam nervoz /nervoze/.** [jam nɛrvóz /nɛrvózɛ/]

Je suis jaloux /jalouse/

Je suis surpris /surprise/

Je suis gêné /gênée/

Jam xheloz /xheloze/.
[jam dʒelóz /dʒelózɛ/]

Jam i /e/ befasuar.
[jam i /ɛ/ befasúar]

Jam i /e/ hutuar.
[jam i /ɛ/ hutúar]

Problèmes. Accidents

J'ai un problème.	**Kam një problem.** [kam ɲə problém]
Nous avons un problème.	**Kemi një problem.** [kémi ɲə problém]
Je suis perdu /perdue/	**Kam humbur.** [kam húmbuɾ]
J'ai manqué le dernier bus (train).	**Humba autobusin e fundit.** [húmba autobúsin ɛ fúndit]
Je n'ai plus d'argent.	**Kam mbetur pa para.** [kam mbétuɾ pa paɾá]

J'ai perdu mon …	**Humba …** [húmba …]
On m'a volé mon …	**Dikush më vodhi …** [dikúʃ mə vóði …]
passeport	**pasaportën** [pasapórtən]
portefeuille	**portofol** [portofól]
papiers	**dokumentet** [dokuméntɛt]
billet	**biletën** [bilétən]

argent	**para** [paɾá]
sac à main	**çantën** [tʃántən]
appareil photo	**aparatin fotografik** [aparátin fotografík]
portable	**laptop** [laptóp]
ma tablette	**kompjuterin tabletë** [kompjutérin tablétə]
mobile	**celularin** [tsɛlulárin]

Au secours!	**Ndihmë!** [ndíhmə!]
Qu'est-il arrivé?	**Çfarë ndodhi?** [tʃfárə ndóði?]
un incendie	**zjarr** [zjar]

des coups de feu	**të shtëna** [tə ʃténa]
un meurtre	**vrasje** [vrásjɛ]
une explosion	**shpërthim** [ʃpərθím]
une bagarre	**përleshje** [pərléʃjɛ]

Appelez la police!	**Thërrisni policinë!** [θərrísni politsínə!]
Dépêchez-vous, s'il vous plaît!	**Ju lutem nxitoni!** [ju lútɛm ndzitóni!]
Je cherche le commissariat de police.	**Kërkoj komisariatin e policisë.** [kərkój komisariátin ɛ politsísə]
Il me faut faire un appel.	**Duhet të bëj një telefonatë.** [dúhɛt tə bəj ɲə tɛlɛfonátə]
Puis-je utiliser votre téléphone?	**Mund të përdor telefonin tuaj?** [mund tə pərdór tɛlɛfónin túaj?]

J'ai été ...	**Më ...** [mə ...]
agressé /agressée/	**sulmuan** [sulmúan]
volé /volée/	**grabitën** [grabítən]
violée	**përdhunuan** [pərðunúan]
attaqué /attaquée/	**rrahën** [ráhən]

Est-ce que ça va?	**Jeni mirë?** [jéni mírə?]
Avez-vous vu qui c'était?	**E patë kush ishte?** [ɛ pátə kuʃ íʃtɛ?]
Pourriez-vous reconnaître cette personne?	**Mund ta identifikoni personin?** [mund ta idɛntifikóni pɛrsónin?]
Vous êtes sûr?	**Jeni i /e/ sigurt?** [jéni i /ɛ/ sígurt?]

Calmez-vous, s'il vous plaît.	**Ju lutem qetësohuni.** [ju lútɛm cɛtəsóhuni]
Calmez-vous!	**Merreni me qetësi!** [mérɛni mɛ cɛtəsí!]
Ne vous inquiétez pas.	**Mos u shqetësoni!** [mos u ʃcɛtəsóni!]
Tout ira bien.	**Çdo gjë do rregullohet.** [tʃdo ɟə do rɛguɫóhɛt]
Ça va. Tout va bien.	**Çdo gjë është në rregull.** [tʃdo ɟə əʃtə nə réguɫ]

Venez ici, s'il vous plaît.

ejani këtu, ju lutem.
[éjani kətú], [ju lútɛm]

J'ai des questions à vous poser.

Kam disa pyetje për ju.
[kam dísa pýɛtjɛ pər jú]

Attendez un moment, s'il vous plaît.

Prisni pak, ju lutem.
[prísni pak], [ju lútɛm]

Avez-vous une carte d'identité?

A keni ndonjë dokument identifikimi?
[a kéni ndóɲə dokumént idɛntifikími?]

Merci. Vous pouvez partir maintenant.

Faleminderit. Mund të largoheni.
[falɛmindérit. mund tə largóhɛni.]

Les mains derrière la tête!

Duart prapa kokës!
[dúart prápa kókəs!]

Vous êtes arrêté!

Jeni i /e/ arrestuar!
[jéni i /ɛ/ arɛstúar!]

Problèmes de santé

Aidez-moi, s'il vous plaît.	**Ju lutem më ndihmoni.** [ju lútɛm mə ndihmóni]
Je ne me sens pas bien.	**Nuk ndihem mirë.** [nuk ndíhɛm mírə]
Mon mari ne se sent pas bien.	**Burri im nuk ndjehet mirë.** [búri im nuk ndjéhɛt mírə]
Mon fils ...	**Djali im ...** [djáli im ...]
Mon père ...	**Babai im ...** [babái im ...]

Ma femme ne se sent pas bien.	**Gruaja ime nuk ndihet mirë.** [grúaja ímɛ nuk ndíhɛt mírə]
Ma fille ...	**Vajza ime ...** [vájza ímɛ ...]
Ma mère ...	**Nëna ime ...** [néna ímɛ ...]

J'ai mal ...	**Kam ...** [kam ...]
à la tête	**dhimbje koke** [ðímbjɛ kókɛ]
à la gorge	**dhimbje fyti** [ðímbjɛ fýti]
à l'estomac	**dhimbje stomaku** [ðímbjɛ stomáku]
aux dents	**dhimbje dhëmbi** [ðímbjɛ ðémbi]

J'ai le vertige.	**Ndjehem i /e/ trullosur.** [ndjéhɛm i /ɛ/ truɫósur]
Il a de la fièvre.	**Ka ethe.** [ka éθɛ]
Elle a de la fièvre.	**Ajo ka ethe.** [ajó ka éθɛ]
Je ne peux pas respirer.	**Nuk marr dot frymë.** [nuk mar dot frýmə]

J'ai du mal à respirer.	**Mbeta pa frymë.** [mbéta pa frýmə]
Je suis asthmatique.	**unë jam astmatik.** [únə jam astmatík]
Je suis diabétique.	**Jam me diabet.** [jam mɛ diabét]

Je ne peux pas dormir.	**Nuk fle dot.** [nuk flɛ dot]
intoxication alimentaire	**helmim nga ushqimi** [hɛlmím ŋa uʃcími]

Ça fait mal ici.	**Më dhemb këtu.** [mə ðɛmb kətú]
Aidez-moi!	**Ndihmë!** [ndíhmə!]
Je suis ici!	**Jam këtu!** [jam kətú!]
Nous sommes ici!	**Jemi këtu!** [jémi kətú!]
Sortez-moi d'ici!	**Më nxirrni nga këtu!** [mə ndzírni ŋa kətú!]
J'ai besoin d'un docteur.	**Kam nevojë për doktor.** [kam nɛvójə pər doktór]
Je ne peux pas bouger!	**Nuk lëviz dot.** [nuk ləvíz dot]
Je ne peux pas bouger mes jambes.	**Nuk lëviz dot këmbët.** [nuk ləvíz dot kémbət]

Je suis blessé /blessée/	**Jam plagosur.** [jam plagósur]
Est-ce que c'est sérieux?	**A është serioze?** [a éʃtə sɛriózɛ?]
Mes papiers sont dans ma poche.	**Dokumentet e mia janë në xhep.** [dokuméntɛt ɛ mía jánə nə dʒép]
Calmez-vous!	**Qetësohuni!** [cɛtəsóhuni!]
Puis-je utiliser votre téléphone?	**Mund të përdor telefonin tuaj?** [mund tə pərdór tɛlɛfónin túaj?]

Appelez une ambulance!	**Thërrisni një ambulancë!** [θərísni ɲə ambulántsə!]
C'est urgent!	**Është urgjente!** [éʃtə urɲéntɛ!]
C'est une urgence!	**Është rast urgjent!** [éʃtə rast urɲént!]
Dépêchez-vous, s'il vous plaît!	**Ju lutem nxitoni!** [ju lútɛm ndzitóni!]
Appelez le docteur, s'il vous plaît.	**Mund të thërrisni një doktor, ju lutem?** [mund tə θərísni ɲə doktór], [ju lútɛm?]
Où est l'hôpital?	**Ku është spitali?** [ku éʃtə spitáli?]

Comment vous sentez-vous?	**Si ndiheni?** [si ndíhɛni?]
Est-ce que ça va?	**Jeni mirë?** [jéni mírə?]
Qu'est-il arrivé?	**Çfarë ndodhi?** [tʃfárə ndóði?]

Je me sens mieux maintenant.	**Ndihem më mirë tani.** [ndíhɛm mə mírə taní]
Ça va. Tout va bien.	**Është në rregull.** [ə́ʃtə nə réguɫ]
Ça va.	**Është në rregull.** [ə́ʃtə nə réguɫ]

À la pharmacie

pharmacie	**farmaci** [farmatsí]
pharmacie 24 heures	**farmaci 24 orë** [farmatsí ɲəzét ɛ kátər orə]
Où se trouve la pharmacie la plus proche?	**Ku është farmacia më e afërt?** [ku ə́ʃtə farmatsía mə ɛ áfərt?]

Est-elle ouverte en ce moment?	**Është e hapur tani?** [ə́ʃtə ɛ hápur taní?]
À quelle heure ouvre-t-elle?	**Në çfarë ore hapet?** [nə tʃfárə órɛ hápɛt?]
à quelle heure ferme-t-elle?	**Në çfarë ore mbyllet?** [nə tʃfárə órɛ mbýɫɛt?]

C'est loin?	**Është larg?** [ə́ʃtə larg?]
Est-ce que je peux y aller à pied?	**Mund të shkoj me këmbë deri atje?** [mund tə ʃkoj mɛ kə́mbə déri atjé?]
Pouvez-vous me le montrer sur la carte?	**Mund të më tregoni në hartë?** [mund tə mə trɛgóni nə hártə?]

Pouvez-vous me donner quelque chose contre ...	**Ju lutem më jepni diçka për ...** [ju lútɛm mə jépni ditʃká pər ...]
le mal de tête	**dhimbje koke** [ðímbjɛ kókɛ]
la toux	**kollë** [kóɫə]
le rhume	**ftohje** [ftóhjɛ]
la grippe	**grip** [grip]

la fièvre	**ethe** [éθɛ]
un mal d'estomac	**dhimbje stomaku** [ðímbjɛ stomáku]
la nausée	**të përziera** [tə pərzíɛra]
la diarrhée	**diarre** [diaré]
la constipation	**kapsllëk** [kapsɫék]
un mal de dos	**dhimbje në shpinë** [ðímbjɛ nə ʃpínə]

les douleurs de poitrine	**dhimbje në kraharor** [ðímbjɛ nə kraharór]
les points de côté	**dhimbje në brinjë** [ðímbjɛ nə bríɲə]
les douleurs abdominales	**dhimbje barku** [ðímbjɛ bárku]

une pilule	**pilulë** [pilúlə]
un onguent, une crème	**vaj, krem** [vaj], [krɛm]
un sirop	**shurup** [ʃurúp]
un spray	**sprej** [sprɛj]
les gouttes	**pika** [píka]

Vous devez allez à l'hôpital.	**Duhet të shkoni në spital.** [dúhɛt tə ʃkóni nə spitál]
assurance maladie	**sigurim shëndetësor** [sigurím ʃəndɛtəsór]
prescription	**recetë** [rɛtsétə]
produit anti-insecte	**mbrojtës nga insektet** [mbrójtəs ŋa inséktɛt]
bandages adhésifs	**leukoplast** [lɛukoplást]

Les essentiels

Excusez-moi, ...	**Më falni, ...** [mə fálni, ...]
Bonjour	**Përshëndetje.** [pərʃəndétjɛ]
Merci	**Faleminderit.** [falɛmindérit]
Au revoir	**Mirupafshim.** [mirupáfʃim]
Oui	**Po.** [po]
Non	**Jo.** [jo]
Je ne sais pas.	**Nuk e di.** [nuk ɛ di]
Où? (~ es-tu?) | Où? (~ vas-tu?) | Quand?	**Ku? | Për ku? | Kur?** [ku? | pər ku? | kur?]

J'ai besoin de ...	**Më nevojitet ...** [mə nɛvojítɛt ...]
Je veux ...	**Dua ...** [dúa ...]
Avez-vous ... ?	**Keni ...?** [kéni ...?]
Est-ce qu'il y a ... ici?	**A ka ... këtu?** [a ka ... kətú?]
Puis-je ... ?	**Mund të ...?** [mund tə ...?]
s'il vous plaît (pour une demande)	**..., ju lutem** [...], [ju lútɛm]

Je cherche ...	**Kërkoj ...** [kərkój ...]
les toilettes	**tualet** [tualét]
un distributeur	**bankomat** [bankomát]
une pharmacie	**farmaci** [farmatsí]
l'hôpital	**spital** [spitál]
le commissariat de police	**komisariat policie** [komisariát politsíɛ]
une station de métro	**metro** [mɛtró]

un taxi	**taksi** [táksi]
la gare	**stacion treni** [statsión trɛni]

Je m'appelle ...	**Më quajnë ...** [mə cúajnə ...]
Comment vous appelez-vous?	**Si quheni?** [si cúhɛni?]
Aidez-moi, s'il vous plaît.	**Ju lutem, mund të ndihmoni?** [ju lútɛm], [mund tə ndihmóni?]
J'ai un problème.	**Kam një problem.** [kam ɲə problém]
Je ne me sens pas bien.	**Nuk ndihem mirë.** [nuk ndíhɛm mírə]
Appelez une ambulance!	**Thërrisni një ambulancë!** [θərísni ɲə ambulántsə!]
Puis-je faire un appel?	**Mund të bëj një telefonatë?** [mund tə bəj ɲə tɛlɛfonátə?]

Excusez-moi.	**Më vjen keq.** [mə vjɛn kɛc]
Je vous en prie.	**Ju lutem.** [ju lútɛm]

je, moi	**unë, mua** [únə], [múa]
tu, toi	**ti** [ti]
il	**ai** [ai]
elle	**ajo** [ajó]
ils	**ata** [atá]
elles	**ato** [ató]
nous	**ne** [nɛ]
vous	**ju** [ju]
Vous	**ju** [ju]

ENTRÉE	**HYRJE** [hýrjɛ]
SORTIE	**DALJE** [dáljɛ]
HORS SERVICE | EN PANNE	**NUK FUNKSIONON** [nuk funksionón]
FERMÉ	**MBYLLUR** [mbýɫur]

OUVERT	**HAPUR**
	[hápur]
POUR LES FEMMES	**PËR FEMRA**
	[pər fémra]
POUR LES HOMMES	**PËR MESHKUJ**
	[pər méʃkuj]

VOCABULAIRE THÉMATIQUE

Cette section contient plus
de 3000 des mots les plus
importants. Le dictionnaire
sera d'une aide indispensable
lors de voyages à l'étranger
puisque les mots individuels
sont souvent assez pour être
compris. Le dictionnaire
comprend une transcription
utile de chaque mot

T&P Books Publishing

CONTENU DU DICTIONNAIRE

T&P Books Publishing

T&P BOOKS

CONCEPTS DE BASE

T&P Books Publishing

1. Les pronoms

je	**Unë, mua**	[unə], [múa]
tu	**ti, ty**	[ti], [ty]
il	**ai**	[aí]
elle	**ajo**	[ajó]
ça	**ai**	[aí]
nous	**ne**	[nɛ]
vous	**ju**	[ju]
ils	**ata**	[atá]
elles	**ato**	[ató]

2. Adresser des vœux. Se dire bonjour

Bonjour! (fam.)	**Përshëndetje!**	[pərʃəndétjɛ!]
Bonjour! (form.)	**Përshëndetje!**	[pərʃəndétjɛ!]
Bonjour! (le matin)	**Mirëmëngjes!**	[mirəmənɟés!]
Bonjour! (après-midi)	**Mirëdita!**	[mirədíta!]
Bonsoir!	**Mirëmbrëma!**	[mirəmbréma!]
dire bonjour	**përshëndes**	[pərʃəndés]
Salut!	**Ç'kemi!**	[tʃkémi!]
salut (m)	**përshëndetje** (f)	[pərʃəndétjɛ]
saluer (vt)	**përshëndes**	[pərʃəndés]
Comment allez-vous?	**Si jeni?**	[si jéni?]
Comment ça va?	**Si je?**	[si jɛ?]
Quoi de neuf?	**Çfarë ka të re?**	[tʃfárə ká tə ré?]
Au revoir! (form.)	**Mirupafshim!**	[mirupáfʃim!]
Au revoir! (fam.)	**U pafshim!**	[u páfʃim!]
À bientôt!	**Shihemi së shpejti!**	[ʃíhɛmi sə ʃpéjti!]
Adieu!	**Lamtumirë!**	[lamtumírə!]
dire au revoir	**përshëndetem**	[pərʃəndétɛm]
Salut! (À bientôt!)	**Tungjatjeta!**	[tunɟatjéta!]
Merci!	**Faleminderit!**	[falɛmindérit!]
Merci beaucoup!	**Faleminderit shumë!**	[falɛmindérit ʃúmə!]
Je vous en prie	**Të lutem**	[tə lútɛm]
Il n'y a pas de quoi	**Asgjë!**	[asɟə́!]
Pas de quoi	**Asgjë**	[asɟə́]
Excuse-moi!	**Më fal!**	[mə fal!]

| Excusez-moi! | Më falni! | [mə fálni!] |
| excuser (vt) | fal | [fal] |

s'excuser (vp)	kërkoj falje	[kərkój fáljɛ]
Mes excuses	Kërkoj ndjesë	[kərkój ndjésə]
Pardonnez-moi!	Më vjen keq!	[mə vjɛn kɛc!]
pardonner (vt)	fal	[fal]
C'est pas grave	S'ka gjë!	[s'ka ɟə!]
s'il vous plaît	të lutem	[tə lútɛm]

N'oubliez pas!	Mos harro!	[mos haró!]
Bien sûr!	Sigurisht!	[siguríʃt!]
Bien sûr que non!	Sigurisht që jo!	[siguríʃt cə jo!]
D'accord!	Në rregull!	[nə réguɫ!]
Ça suffit!	Mjafton!	[mjaftón!]

3. Les questions

Qui?	Kush?	[kuʃ?]
Quoi?	Çka?	[tʃká?]
Où? (~ es-tu?)	Ku?	[ku?]
Où? (~ vas-tu?)	Për ku?	[pər ku?]
D'où?	Nga ku?	[ŋa ku?]
Quand?	Kur?	[kur?]
Pourquoi? (~ es-tu venu?)	Pse?	[psɛ?]
Pourquoi? (~ t'es pâle?)	Pse?	[psɛ?]

À quoi bon?	Për çfarë arsye?	[pər tʃfárə arsýɛ?]
Comment?	Si?	[si?]
Quel? (à ~ prix?)	Çfarë?	[tʃfárə?]
Lequel?	Cili?	[tsíli?]

À qui? (pour qui?)	Kujt?	[kújt?]
De qui?	Për kë?	[pər kə?]
De quoi?	Për çfarë?	[pər tʃfárə?]
Avec qui?	Me kë?	[mɛ kə?]

| Combien? | Sa? | [sa?] |
| À qui? | Të kujt? | [tə kujt?] |

4. Les prépositions

avec (~ toi)	me	[mɛ]
sans (~ sucre)	pa	[pa]
à (aller ~ ...)	për në	[pər nə]
de (au sujet de)	për	[pər]
avant (~ midi)	përpara	[pərpára]
devant (~ la maison)	para ...	[pára ...]

sous (~ la commode)	nën	[nən]
au-dessus de ...	mbi	[mbí]
sur (dessus)	mbi	[mbí]
de (venir ~ Paris)	nga	[ŋa]
en (en bois, etc.)	nga	[ŋa]
dans (~ deux heures)	për	[pər]
par dessus	sipër	[sípər]

5. Les mots-outils. Les adverbes. Partie 1

Où? (~ es-tu?)	Ku?	[ku?]
ici (c'est ~)	këtu	[kətú]
là-bas (c'est ~)	atje	[atjé]
quelque part (être)	diku	[dikú]
nulle part (adv)	askund	[askúnd]
près de ...	afër	[áfər]
près de la fenêtre	tek dritarja	[tɛk dritárja]
Où? (~ vas-tu?)	Për ku?	[pər ku?]
ici (Venez ~)	këtu	[kətú]
là-bas (j'irai ~)	atje	[atjé]
d'ici (adv)	nga këtu	[ŋa kətú]
de là-bas (adv)	nga atje	[ŋa atjɛ]
près (pas loin)	pranë	[pránə]
loin (adv)	larg	[larg]
près de (~ Paris)	afër	[áfər]
tout près (adv)	pranë	[pránə]
pas loin (adv)	jo larg	[jo lárg]
gauche (adj)	majtë	[májtə]
à gauche (être ~)	majtas	[májtas]
à gauche (tournez ~)	në të majtë	[nə tə májtə]
droit (adj)	djathtë	[djáθtə]
à droite (être ~)	djathtas	[djáθtas]
à droite (tournez ~)	në të djathtë	[nə tə djáθtə]
devant (adv)	përballë	[pərbáɫə]
de devant (adj)	i përparmë	[i pərpármə]
en avant (adv)	përpara	[pərpára]
derrière (adv)	prapa	[prápa]
par derrière (adv)	nga prapa	[ŋa prápa]
en arrière (regarder ~)	pas	[pas]
milieu (m)	mes (m)	[mɛs]

au milieu (adv)	në mes	[nə mɛs]
de côté (vue ~)	në anë	[nə anə]
partout (adv)	kudo	[kúdo]
autour (adv)	përreth	[pəréθ]

de l'intérieur	nga brenda	[ŋa brénda]
quelque part (aller)	diku	[dikú]
tout droit (adv)	drejt	[dréjt]
en arrière (revenir ~)	pas	[pas]

de quelque part (n'import d'où)	nga kudo	[ŋa kúdo]
de quelque part (on ne sait pas d'où)	nga diku	[ŋa dikú]

premièrement (adv)	së pari	[sə pári]
deuxièmement (adv)	së dyti	[sə dýti]
troisièmement (adv)	së treti	[sə tréti]

soudain (adv)	befas	[béfas]
au début (adv)	në fillim	[nə fiťím]
pour la première fois	për herë të parë	[pər hérə tə párə]
bien avant ...	shumë përpara ...	[ʃúmə pərpára ...]
de nouveau (adv)	sërish	[səríʃ]
pour toujours (adv)	një herë e mirë	[nə hérə ɛ mírə]

jamais (adv)	kurrë	[kúrə]
de nouveau, encore (adv)	përsëri	[pərsərí]
maintenant (adv)	tani	[táni]
souvent (adv)	shpesh	[ʃpɛʃ]
alors (adv)	atëherë	[atəhérə]
d'urgence (adv)	urgjent	[urɟént]
d'habitude (adv)	zakonisht	[zakoníʃt]

à propos, ...	meqë ra fjala, ...	[mécə ra fjála, ...]
c'est possible	ndoshta	[ndóʃta]
probablement (adv)	mundësisht	[mundəsíʃt]
peut-être (adv)	mbase	[mbásɛ]
en plus, ...	përveç	[pərvétʃ]
c'est pourquoi ...	ja përse ...	[ja pərsé ...]
malgré ...	pavarësisht se ...	[pavarəsíʃt sɛ ...]
grâce à ...	falë ...	[fálə ...]
quoi (pron)	çfarë	[tʃfárə]
que (conj)	që	[cə]
quelque chose (Il m'est arrivé ~)	diçka	[ditʃká]
quelque chose (peut-on faire ~)	ndonji gjë	[ndoɲí ɟə]
rien (m)	asgjë	[asɟé]
qui (pron)	kush	[kuʃ]
quelqu'un (on ne sait pas qui)	dikush	[dikúʃ]

quelqu'un (n'importe qui)	dikush	[dikúʃ]
personne (pron)	askush	[askúʃ]
nulle part (aller ~)	askund	[askúnd]
de personne	i askujt	[i askújt]
de n'importe qui	i dikujt	[i dikújt]

comme ça (adv)	aq	[ác]
également (adv)	gjithashtu	[ɟiθaʃtú]
aussi (adv)	gjithashtu	[ɟiθaʃtú]

6. Les mots-outils. Les adverbes. Partie 2

Pourquoi?	Pse?	[psɛ?]
pour une certaine raison	për një arsye	[pər ɲə arsýɛ]
parce que ...	sepse ...	[sɛpsé ...]
pour une raison quelconque	për ndonjë shkak	[pər ndóɲə ʃkak]

et (conj)	dhe	[ðɛ]
ou (conj)	ose	[ósɛ]
mais (conj)	por	[por]
pour ... (prep)	për	[pər]

trop (adv)	tepër	[tépər]
seulement (adv)	vetëm	[vétəm]
précisément (adv)	pikërisht	[pikəríʃt]
près de ... (prep)	rreth	[rɛθ]

approximativement	përafërsisht	[pərafərsíʃt]
approximatif (adj)	përafërt	[pəráfərt]
presque (adv)	pothuajse	[poθúajsɛ]
reste (m)	mbetje (f)	[mbétjɛ]

l'autre (adj)	tjetri	[tjétri]
autre (adj)	tjetër	[tjétər]
chaque (adj)	çdo	[tʃdo]
n'importe quel (adj)	çfarëdo	[tʃfarədó]
beaucoup de (dénombr.)	disa	[disá]
beaucoup de (indénombr.)	shumë	[ʃúmə]
plusieurs (pron)	shumë njerëz	[ʃúmə ɲérəz]
tous	të gjithë	[tə ɟíθə]

en échange de ...	në vend të ...	[nə vénd tə ...]
en échange (adv)	në shkëmbim të ...	[nə ʃkəmbím tə ...]
à la main (adv)	me dorë	[mɛ dórə]
peu probable (adj)	vështirë se ...	[vəʃtírə sɛ ...]

probablement (adv)	mundësisht	[mundəsíʃt]
exprès (adv)	me qëllim	[mɛ cəɫím]
par accident (adv)	aksidentalisht	[aksidɛntalíʃt]

très (adv)	**shumë**	[ʃúmə]
par exemple (adv)	**për shembull**	[pər ʃémbuɫ]
entre (prep)	**midis**	[midís]
parmi (prep)	**rreth**	[rɛθ]
autant (adv)	**kaq shumë**	[kác ʃúmə]
surtout (adv)	**veçanërisht**	[vɛtʃanəríʃt]

NOMBRES. DIVERS

T&P Books Publishing

zéro	**zero**	[zéro]
un	**një**	[ɲə]
deux	**dy**	[dy]
trois	**tre**	[trɛ]
quatre	**katër**	[kátər]
cinq	**pesë**	[pésə]
six	**gjashtë**	[ɟáʃtə]
sept	**shtatë**	[ʃtátə]
huit	**tetë**	[tétə]
neuf	**nëntë**	[nəntə]
dix	**dhjetë**	[ðjétə]
onze	**njëmbëdhjetë**	[ɲəmbəðjétə]
douze	**dymbëdhjetë**	[dymbəðjétə]
treize	**trembëdhjetë**	[trɛmbəðjétə]
quatorze	**katërmbëdhjetë**	[katərmbəðjétə]
quinze	**pesëmbëdhjetë**	[pɛsəmbəðjétə]
seize	**gjashtëmbëdhjetë**	[ɟaʃtəmbəðjétə]
dix-sept	**shtatëmbëdhjetë**	[ʃtatəmbəðjétə]
dix-huit	**tetëmbëdhjetë**	[tɛtəmbəðjétə]
dix-neuf	**nëntëmbëdhjetë**	[nəntəmbəðjétə]
vingt	**njëzet**	[ɲəzét]
vingt et un	**njëzet e një**	[ɲəzét ɛ ɲə]
vingt-deux	**njëzet e dy**	[ɲəzét ɛ dy]
vingt-trois	**njëzet e tre**	[ɲəzét ɛ trɛ]
trente	**tridhjetë**	[triðjétə]
trente et un	**tridhjetë e një**	[triðjétə ɛ ɲə]
trente-deux	**tridhjetë e dy**	[triðjétə ɛ dy]
trente-trois	**tridhjetë e tre**	[triðjétə ɛ trɛ]
quarante	**dyzet**	[dyzét]
quarante et un	**dyzet e një**	[dyzét ɛ ɲə]
quarante-deux	**dyzet e dy**	[dyzét ɛ dy]
quarante-trois	**dyzet e tre**	[dyzét ɛ trɛ]
cinquante	**pesëdhjetë**	[pɛsəðjétə]
cinquante et un	**pesëdhjetë e një**	[pɛsəðjétə ɛ ɲə]
cinquante-deux	**pesëdhjetë e dy**	[pɛsəðjétə ɛ dy]
cinquante-trois	**pesëdhjetë e tre**	[pɛsəðjétə ɛ trɛ]
soixante	**gjashtëdhjetë**	[ɟaʃtəðjétə]

soixante et un	gjashtëdhjetë e një	[ʎaʃtəðjétə ɛ ɲə]
soixante-deux	gjashtëdhjetë e dy	[ʎaʃtəðjétə ɛ dý]
soixante-trois	gjashtëdhjetë e tre	[ʎaʃtəðjétə ɛ tré]

soixante-dix	shtatëdhjetë	[ʃtatəðjétə]
soixante et onze	shtatëdhjetë e një	[ʃtatəðjétə ɛ ɲə]
soixante-douze	shtatëdhjetë e dy	[ʃtatəðjétə ɛ dy]
soixante-treize	shtatëdhjetë e tre	[ʃtatəðjétə ɛ trɛ]

quatre-vingts	tetëdhjetë	[tɛtəðjétə]
quatre-vingt et un	tetëdhjetë e një	[tɛtəðjétə ɛ ɲə]
quatre-vingt deux	tetëdhjetë e dy	[tɛtəðjétə ɛ dy]
quatre-vingt trois	tetëdhjetë e tre	[tɛtəðjétə ɛ trɛ]

quatre-vingt-dix	nëntëdhjetë	[nəntəðjétə]
quatre-vingt et onze	nëntëdhjetë e një	[nəntəðjétə ɛ ɲə]
quatre-vingt-douze	nëntëdhjetë e dy	[nəntəðjétə ɛ dy]
quatre-vingt-treize	nëntëdhjetë e tre	[nəntəðjétə ɛ trɛ]

8. Les nombres cardinaux. Partie 2

cent	njëqind	[ɲəcínd]
deux cents	dyqind	[dycínd]
trois cents	treqind	[trɛcínd]
quatre cents	katërqind	[katərcínd]
cinq cents	pesëqind	[pɛsəcínd]

six cents	gjashtëqind	[ʎaʃtəcínd]
sept cents	shtatëqind	[ʃtatəcínd]
huit cents	tetëqind	[tɛtəcínd]
neuf cents	nëntëqind	[nəntəcínd]

mille	një mijë	[ɲə míjə]
deux mille	dy mijë	[dy míjə]
trois mille	tre mijë	[trɛ míjə]
dix mille	dhjetë mijë	[ðjétə míjə]
cent mille	njëqind mijë	[ɲəcínd míjə]
million (m)	milion (m)	[milión]
milliard (m)	miliardë (f)	[miliárdə]

9. Les nombres ordinaux

premier (adj)	i pari	[i pári]
deuxième (adj)	i dyti	[i dýti]
troisième (adj)	i treti	[i tréti]
quatrième (adj)	i katërti	[i kátərti]
cinquième (adj)	i pesti	[i pésti]
sixième (adj)	i gjashti	[i ʎáʃti]

septième (adj)	**i shtati**	[i ʃtáti]
huitième (adj)	**i teti**	[i téti]
neuvième (adj)	**i nënti**	[i nánti]
dixième (adj)	**i dhjeti**	[i ðjéti]

T&P BOOKS

LES COULEURS.
LES UNITÉS DE MESURE

T&P Books Publishing

10. Les couleurs

couleur (f)	ngjyrë (f)	[ɲýrə]
teinte (f)	nuancë (f)	[nuántsə]
ton (m)	tonalitet (m)	[tonalitét]
arc-en-ciel (m)	ylber (m)	[ylbér]
blanc (adj)	e bardhë	[ɛ bárðə]
noir (adj)	e zezë	[ɛ zézə]
gris (adj)	gri	[gri]
vert (adj)	jeshile	[jɛʃílɛ]
jaune (adj)	e verdhë	[ɛ vérðə]
rouge (adj)	e kuqe	[ɛ kúcɛ]
bleu (adj)	blu	[blu]
bleu clair (adj)	bojëqielli	[bojəciéɫi]
rose (adj)	rozë	[rózə]
orange (adj)	portokalli	[portokáɫi]
violet (adj)	bojëvjollcë	[bojəvjóɫtsə]
brun (adj)	kafe	[káfɛ]
d'or (adj)	e artë	[ɛ ártə]
argenté (adj)	e argjendtë	[ɛ arɟéndtə]
beige (adj)	bezhë	[béʒə]
crème (adj)	krem	[krɛm]
turquoise (adj)	e bruztë	[ɛ brúztə]
rouge cerise (adj)	qershi	[cɛrʃí]
lilas (adj)	jargavan	[jargaván]
framboise (adj)	e kuqe e thellë	[ɛ kúcɛ ɛ θéɫə]
clair (adj)	e hapur	[ɛ hápur]
foncé (adj)	e errët	[ɛ érət]
vif (adj)	e ndritshme	[ɛ ndrítʃmɛ]
de couleur (adj)	e ngjyrosur	[ɛ ɲyrósur]
en couleurs (adj)	ngjyrë	[ɲýrə]
noir et blanc (adj)	bardhë e zi	[bárðə ɛ zi]
unicolore (adj)	njëngjyrëshe	[nəɲýrəʃɛ]
multicolore (adj)	shumëngjyrëshe	[ʃumənɲýrəʃɛ]

11. Les unités de mesure

poids (m)	peshë (f)	[péʃə]
longueur (f)	gjatësi (f)	[ɟatəsí]

largeur (f)	gjerësi (f)	[ɟɛrəsí]
hauteur (f)	lartësi (f)	[lartəsí]
profondeur (f)	thellësi (f)	[θɛɫəsí]
volume (m)	vëllim (m)	[vəɫím]
aire (f)	sipërfaqe (f)	[sipərfácɛ]

gramme (m)	gram (m)	[gram]
milligramme (m)	miligram (m)	[miligrám]
kilogramme (m)	kilogram (m)	[kilográm]
tonne (f)	ton (m)	[ton]
livre (f)	paund (m)	[páund]
once (f)	ons (m)	[ons]

mètre (m)	metër (m)	[métər]
millimètre (m)	milimetër (m)	[milimétər]
centimètre (m)	centimetër (m)	[tsɛntimétər]
kilomètre (m)	kilometër (m)	[kilométər]
mille (m)	milje (f)	[míljɛ]

pouce (m)	inç (m)	[intʃ]
pied (m)	këmbë (f)	[kə́mbə]
yard (m)	jard (m)	[járd]

mètre (m) carré	metër katror (m)	[métər katrór]
hectare (m)	hektar (m)	[hɛktár]
litre (m)	litër (m)	[lítər]
degré (m)	gradë (f)	[grádə]
volt (m)	volt (m)	[volt]
ampère (m)	amper (m)	[ampér]
cheval-vapeur (m)	kuaj-fuqi (f)	[kúaj-fucí]

quantité (f)	sasi (f)	[sasí]
un peu de ...	pak ...	[pak ...]
moitié (f)	gjysmë (f)	[ɟýsmə]
douzaine (f)	dyzinë (f)	[dyzínə]
pièce (f)	copë (f)	[tsópə]

dimension (f)	madhësi (f)	[maðəsí]
échelle (f) (de la carte)	shkallë (f)	[ʃkáɫə]

minimal (adj)	minimale	[minimálɛ]
le plus petit (adj)	më i vogli	[mə i vógli]
moyen (adj)	i mesëm	[i mésəm]
maximal (adj)	maksimale	[maksimálɛ]
le plus grand (adj)	më i madhi	[mə i máði]

12. Les récipients

bocal (m) en verre	kavanoz (m)	[kavanóz]
boîte, canette (f)	kanoçe (f)	[kanótʃɛ]

seau (m)	kovë (f)	[kóvə]
tonneau (m)	fuçi (f)	[futʃí]
bassine, cuvette (f)	legen (m)	[lɛgén]
cuve (f)	tank (m)	[tank]
flasque (f)	faqore (f)	[facórɛ]
jerrican (m)	bidon (m)	[bidón]
citerne (f)	cisternë (f)	[tsistérnə]
tasse (f), mug (m)	tas (m)	[tas]
tasse (f)	filxhan (m)	[fildʒán]
soucoupe (f)	pjatë filxhani (f)	[pjátə fildʒáni]
verre (m) (~ d'eau)	gotë (f)	[gótə]
verre (m) à vin	gotë vere (f)	[gótə vérɛ]
faitout (m)	tenxhere (f)	[tɛndʒérɛ]
bouteille (f)	shishe (f)	[ʃíʃɛ]
goulot (m)	grykë	[grýkə]
carafe (f)	brokë (f)	[brókə]
pichet (m)	shtambë (f)	[ʃtámbə]
récipient (m)	enë (f)	[énə]
pot (m)	enë (f)	[énə]
vase (m)	vazo (f)	[vázo]
flacon (m)	shishe (f)	[ʃíʃɛ]
fiole (f)	shishkë (f)	[ʃíʃkə]
tube (m)	tubet (f)	[tubét]
sac (m) (grand ~)	thes (m)	[θɛs]
sac (m) (~ en plastique)	qese (f)	[césɛ]
paquet (m) (~ de cigarettes)	paketë (f)	[pakétə]
boîte (f)	kuti (f)	[kutí]
caisse (f)	arkë (f)	[árkə]
panier (m)	shportë (f)	[ʃpórtə]

T&P BOOKS

LES VERBES
LES PLUS IMPORTANTS

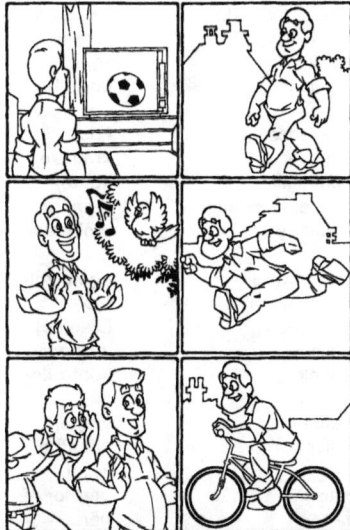

T&P Books Publishing

aider (vt)	ndihmoj	[ndihmój]
aimer (qn)	dashuroj	[daʃurój]
aller (à pied)	ec në këmbë	[ɛts nə kámbə]
apercevoir (vt)	vërej	[vəréj]
appartenir à …	përkas …	[pərkás …]
appeler (au secours)	thërras	[θərás]
attendre (vt)	pres	[prɛs]
attraper (vt)	kap	[kap]
avertir (vt)	paralajmëroj	[paralajmərój]
avoir (vt)	kam	[kam]
avoir confiance	besoj	[bɛsój]
avoir faim	kam uri	[kam urí]
avoir peur	kam frikë	[kam fríkə]
avoir soif	kam etje	[kam étjɛ]
cacher (vt)	fsheh	[fʃéh]
casser (briser)	ndahem	[ndáhɛm]
cesser (vt)	ndaloj	[ndalój]
changer (vt)	ndryshoj	[ndryʃój]
chasser (animaux)	dal për gjah	[dál pər ɟáh]
chercher (vt)	kërkoj …	[kərkój …]
choisir (vt)	zgjedh	[zɟɛð]
commander (~ le menu)	porosis	[porosís]
commencer (vt)	filloj	[fiɫój]
comparer (vt)	krahasoj	[krahasój]
comprendre (vt)	kuptoj	[kuptój]
compter (dénombrer)	numëroj	[numərój]
compter sur …	mbështetem …	[mbəʃtétɛm …]
confondre (vt)	ngatërroj	[ŋatərój]
connaître (qn)	njoh	[ɲóh]
conseiller (vt)	këshilloj	[kəʃiɫój]
continuer (vt)	vazhdoj	[vaʒdój]
contrôler (vt)	kontrolloj	[kontroɫój]
courir (vi)	vrapoj	[vrapój]
coûter (vt)	kushton	[kuʃtón]
créer (vt)	krijoj	[krijój]
creuser (vt)	gërmoj	[gərmój]
crier (vi)	bërtas	[bərtás]

14. Les verbes les plus importants. Partie 2

décorer (~ la maison)	**zbukuroj**	[zbukurój]
défendre (vt)	**mbroj**	[mbrój]
déjeuner (vi)	**ha drekë**	[ha drékə]
demander (~ l'heure)	**pyes**	[pýɛs]
demander (de faire qch)	**pyes**	[pýɛs]
descendre (vi)	**zbres**	[zbrɛs]
deviner (vt)	**hamendësoj**	[hamɛndəsój]
dîner (vi)	**ha darkë**	[ha dárkə]
dire (vt)	**them**	[θɛm]
diriger (~ une usine)	**drejtoj**	[drɛjtój]
discuter (vt)	**diskutoj**	[diskutój]
donner (vt)	**jap**	[jap]
donner un indice	**aludoj**	[aludój]
douter (vt)	**dyshoj**	[dyʃój]
écrire (vt)	**shkruaj**	[ʃkrúaj]
entendre (bruit, etc.)	**dëgjoj**	[dəɟój]
entrer (vi)	**hyj**	[hyj]
envoyer (vt)	**dërgoj**	[dərgój]
espérer (vi)	**shpresoj**	[ʃprɛsój]
essayer (vt)	**përpiqem**	[pərpícɛm]
être (vi)	**jam**	[jam]
être d'accord	**bie dakord**	[bíɛ dakórd]
être nécessaire	**nevojitet**	[nɛvojítɛt]
être pressé	**nxitoj**	[ndzitój]
étudier (vt)	**studioj**	[studiój]
excuser (vt)	**fal**	[fal]
exiger (vt)	**kërkoj**	[kərkój]
exister (vi)	**ekzistoj**	[ɛkzistój]
expliquer (vt)	**shpjegoj**	[ʃpjɛgój]
faire (vt)	**bëj**	[bəj]
faire tomber	**lëshoj**	[ləʃój]
finir (vt)	**përfundoj**	[pərfundój]
garder (conserver)	**mbaj**	[mbáj]
gronder, réprimander (vt)	**qortoj**	[cortój]
informer (vt)	**informoj**	[informój]
insister (vi)	**këmbëngul**	[kəmbəɲúl]
insulter (vt)	**fyej**	[fýɛj]
inviter (vt)	**ftoj**	[ftoj]
jouer (s'amuser)	**luaj**	[lúaj]

15. Les verbes les plus importants. Partie 3

libérer (ville, etc.)	çliroj	[tʃlirój]
lire (vi, vt)	lexoj	[lɛdzój]
louer (prendre en location)	marr me qira	[mar mɛ cirá]
manquer (l'école)	humbas	[humbás]
menacer (vt)	kërcënoj	[kərtsənój]
mentionner (vt)	përmend	[pərménd]
montrer (vt)	tregoj	[trɛgój]
nager (vi)	notoj	[notój]
objecter (vt)	kundërshtoj	[kundərʃtój]
observer (vt)	vëzhgoj	[vəʒgój]
ordonner (mil.)	urdhëroj	[urðərój]
oublier (vt)	harroj	[harój]
ouvrir (vt)	hap	[hap]
pardonner (vt)	fal	[fal]
parler (vi, vt)	flas	[flas]
participer à ...	marr pjesë	[mar pjésə]
payer (régler)	paguaj	[pagúaj]
penser (vi, vt)	mendoj	[mɛndój]
permettre (vt)	lejoj	[lɛjój]
plaire (être apprécié)	pëlqej	[pəlcéj]
plaisanter (vi)	bëj shaka	[bəj ʃaká]
planifier (vt)	planifikoj	[planifikój]
pleurer (vi)	qaj	[caj]
posséder (vt)	zotëroj	[zotərój]
pouvoir (v aux)	mund	[mund]
préférer (vt)	preferoj	[prɛfɛrój]
prendre (vt)	marr	[mar]
prendre en note	mbaj shënim	[mbáj ʃəním]
prendre le petit déjeuner	ha mëngjes	[ha mənɟés]
préparer (le dîner)	gatuaj	[gatúaj]
prévoir (vt)	parashikoj	[paraʃikój]
prier (~ Dieu)	lutem	[lútɛm]
promettre (vt)	premtoj	[prɛmtój]
prononcer (vt)	shqiptoj	[ʃciptój]
proposer (vt)	propozoj	[propozój]
punir (vt)	ndëshkoj	[ndəʃkój]

16. Les verbes les plus importants. Partie 4

recommander (vt)	rekomandoj	[rɛkomandój]
regretter (vt)	pendohem	[pɛndóhɛm]

répéter (dire encore)	**përsëris**	[pərsərís]
répondre (vi, vt)	**përgjigjem**	[pərɟíɟɛm]
réserver (une chambre)	**rezervoj**	[rɛzɛrvój]

rester silencieux	**hesht**	[hɛʃt]
réunir (regrouper)	**bashkoj**	[baʃkój]
rire (vi)	**qesh**	[cɛʃ]
s'arrêter (vp)	**ndaloj**	[ndalój]
s'asseoir (vp)	**ulem**	[úlɛm]

sauver (la vie à qn)	**shpëtoj**	[ʃpətój]
savoir (qch)	**di**	[di]
se baigner (vp)	**notoj**	[notój]
se plaindre (vp)	**ankohem**	[ankóhɛm]
se refuser (vp)	**refuzoj**	[rɛfuzój]

se tromper (vp)	**gaboj**	[gabój]
se vanter (vp)	**mburrem**	[mbúrɛm]
s'étonner (vp)	**çuditem**	[tʃudítɛm]
s'excuser (vp)	**kërkoj falje**	[kərkój fáljɛ]
signer (vt)	**nënshkruaj**	[nənʃkrúaj]

signifier (vt)	**nënkuptoj**	[nənkuptój]
s'intéresser (vp)	**interesohem ...**	[intɛrɛsóhɛm ...]
sortir (aller dehors)	**dal**	[dal]
sourire (vi)	**buzëqesh**	[buzəcéʃ]
sous-estimer (vt)	**nënvlerësoj**	[nənvlɛrəsój]

suivre ... (suivez-moi)	**ndjek ...**	[ndjék ...]
tirer (vi)	**qëlloj**	[cəɫój]
tomber (vi)	**bie**	[bíɛ]
toucher (avec les mains)	**prek**	[prɛk]
tourner (~ à gauche)	**kthej**	[kθɛj]

traduire (vt)	**përkthej**	[pərkθéj]
travailler (vi)	**punoj**	[punój]
tromper (vt)	**mashtroj**	[maʃtrój]
trouver (vt)	**gjej**	[ɟéj]
tuer (vt)	**vras**	[vras]
vendre (vt)	**shes**	[ʃɛs]

venir (vi)	**arrij**	[aríj]
voir (vt)	**shikoj**	[ʃikój]
voler (avion, oiseau)	**fluturoj**	[fluturój]
voler (qch à qn)	**vjedh**	[vjɛð]
vouloir (vt)	**dëshiroj**	[dəʃirój]

LA NOTION DE TEMPS. LE CALENDRIER

T&P Books Publishing

17. Les jours de la semaine

lundi (m)	E hënë (f)	[ɛ hénə]
mardi (m)	E martë (f)	[ɛ mártə]
mercredi (m)	E mërkurë (f)	[ɛ mərkúrə]
jeudi (m)	E enjte (f)	[ɛ éɲtɛ]
vendredi (m)	E premte (f)	[ɛ prémtɛ]
samedi (m)	E shtunë (f)	[ɛ ʃtúnə]
dimanche (m)	E dielë (f)	[ɛ díɛlə]

aujourd'hui (adv)	sot	[sot]
demain (adv)	nesër	[nésər]
après-demain (adv)	pasnesër	[pasnésər]
hier (adv)	dje	[djé]
avant-hier (adv)	pardje	[pardjé]

jour (m)	ditë (f)	[dítə]
jour (m) ouvrable	ditë pune (f)	[dítə púnɛ]
jour (m) férié	festë kombëtare (f)	[féstə kombətárɛ]
jour (m) de repos	ditë pushim (m)	[dítə puʃím]
week-end (m)	fundjavë (f)	[fundjávə]

toute la journée	gjithë ditën	[ɟíθə dítən]
le lendemain	ditën pasardhëse	[dítən pasárðəsɛ]
il y a 2 jours	dy ditë më parë	[dy dítə mə párə]
la veille	një ditë më parë	[ɲə dítə mə párə]
quotidien (adj)	ditor	[ditór]
tous les jours	çdo ditë	[tʃdo dítə]

semaine (f)	javë (f)	[jávə]
la semaine dernière	javën e kaluar	[jávən ɛ kalúar]
la semaine prochaine	javën e ardhshme	[jávən ɛ árðʃmɛ]
hebdomadaire (adj)	javor	[javór]
chaque semaine	çdo javë	[tʃdo jávə]
2 fois par semaine	dy herë në javë	[dy hérə nə jávə]
tous les mardis	çdo të martë	[tʃdo tə mártə]

18. Les heures. Le jour et la nuit

matin (m)	mëngjes (m)	[məɲɟés]
le matin	në mëngjes	[nə məɲɟés]
midi (m)	mesditë (f)	[mɛsdítə]
dans l'après-midi	pasdite	[pasdítɛ]
soir (m)	mbrëmje (f)	[mbrémjɛ]

le soir	në mbrëmje	[nə mbrémjɛ]
nuit (f)	natë (f)	[nátə]
la nuit	natën	[nátən]
minuit (f)	mesnatë (f)	[mɛsnátə]

seconde (f)	sekondë (f)	[sɛkóndə]
minute (f)	minutë (f)	[minútə]
heure (f)	orë (f)	[órə]
demi-heure (f)	gjysmë ore (f)	[ɟýsmə órɛ]
un quart d'heure	çerek ore (m)	[tʃɛrék órɛ]
quinze minutes	pesëmbëdhjetë minuta	[pɛsəmbəðjétə minúta]
vingt-quatre heures	24 orë	[ɲɛzét ɛ kátər órə]

lever (m) du soleil	agim (m)	[agím]
aube (f)	agim (m)	[agím]
point (m) du jour	mëngjes herët (m)	[mənɟés hérət]
coucher (m) du soleil	perëndim dielli (m)	[pɛrəndím diéɬi]

tôt le matin	herët në mëngjes	[hérət nə mənɟés]
ce matin	sot në mëngjes	[sot nə mənɟés]
demain matin	nesër në mëngjes	[nésər nə mənɟés]

cet après-midi	sot pasdite	[sot pasdítɛ]
dans l'après-midi	pasdite	[pasdítɛ]
demain après-midi	nesër pasdite	[nésər pasdítɛ]

| ce soir | sonte në mbrëmje | [sóntɛ nə mbrəmjɛ] |
| demain soir | nesër në mbrëmje | [nésər nə mbrémjɛ] |

à 3 heures précises	në orën 3 fiks	[nə órən trɛ fiks]
autour de 4 heures	rreth orës 4	[rɛθ órəs kátər]
vers midi	deri në orën 12	[déri nə órən dymbəðjétə]

dans 20 minutes	për 20 minuta	[pər ɲɛzét minúta]
dans une heure	për një orë	[pər ɲə órə]
à temps	në orar	[nə orár]

... moins le quart	çerek ...	[tʃɛrék ...]
en une heure	brenda një ore	[brénda ɲə órɛ]
tous les quarts d'heure	çdo 15 minuta	[tʃdo pɛsəmbəðjétə minúta]
24 heures sur 24	gjithë ditën	[ɟíθə dítən]

19. Les mois. Les saisons

janvier (m)	**Janar** (m)	[janár]
février (m)	**Shkurt** (m)	[ʃkurt]
mars (m)	**Mars** (m)	[mars]
avril (m)	**Prill** (m)	[priɬ]
mai (m)	**Maj** (m)	[maj]
juin (m)	**Qershor** (m)	[cɛrʃór]

juillet (m)	**Korrik** (m)	[korík]
août (m)	**Gusht** (m)	[guʃt]
septembre (m)	**Shtator** (m)	[ʃtatór]
octobre (m)	**Tetor** (m)	[tɛtór]
novembre (m)	**Nëntor** (m)	[nəntór]
décembre (m)	**Dhjetor** (m)	[ðjɛtór]
printemps (m)	**pranverë** (f)	[pranvérə]
au printemps	**në pranverë**	[nə pranvérə]
de printemps (adj)	**pranveror**	[pranvɛrór]
été (m)	**verë** (f)	[vérə]
en été	**në verë**	[nə vérə]
d'été (adj)	**veror**	[vɛrór]
automne (m)	**vjeshtë** (f)	[vjéʃtə]
en automne	**në vjeshtë**	[nə vjéʃtə]
d'automne (adj)	**vjeshtor**	[vjéʃtor]
hiver (m)	**dimër** (m)	[dímər]
en hiver	**në dimër**	[nə dímər]
d'hiver (adj)	**dimëror**	[dimərór]
mois (m)	**muaj** (m)	[múaj]
ce mois	**këtë muaj**	[kətə múaj]
le mois prochain	**muajin tjetër**	[múajin tjétər]
le mois dernier	**muajin e kaluar**	[múajin ɛ kalúar]
il y a un mois	**para një muaji**	[pára ɲə múaji]
dans un mois	**pas një muaji**	[pas ɲə múaji]
dans 2 mois	**pas dy muajsh**	[pas dy múajʃ]
tout le mois	**gjithë muajin**	[ɟíθə múajin]
tout un mois	**gjatë gjithë muajit**	[ɟátə ɟíθə múajit]
mensuel (adj)	**mujor**	[mujór]
mensuellement	**mujor**	[mujór]
chaque mois	**çdo muaj**	[tʃdo múaj]
2 fois par mois	**dy herë në muaj**	[dy hérə nə múaj]
année (f)	**vit** (m)	[vit]
cette année	**këtë vit**	[kətə vít]
l'année prochaine	**vitin tjetër**	[vítin tjétər]
l'année dernière	**vitin e kaluar**	[vítin ɛ kalúar]
il y a un an	**para një viti**	[pára ɲə víti]
dans un an	**për një vit**	[pər ɲə vit]
dans 2 ans	**për dy vite**	[pər dy vítɛ]
toute l'année	**gjithë vitin**	[ɟíθə vítin]
toute une année	**gjatë gjithë vitit**	[ɟátə ɟíθə vítit]
chaque année	**çdo vit**	[tʃdo vít]
annuel (adj)	**vjetor**	[vjɛtór]

| annuellement | çdo vit | [tʃdo vít] |
| 4 fois par an | 4 herë në vit | [kátər hérə nə vit] |

date (f) (jour du mois)	datë (f)	[dátə]
date (f) (~ mémorable)	data (f)	[dáta]
calendrier (m)	kalendar (m)	[kalɛndár]

six mois	gjysmë viti	[ɟýsmə víti]
semestre (m)	gjashtë muaj	[ɟáʃtə múaj]
saison (f)	stinë (f)	[stínə]
siècle (m)	shekull (m)	[ʃékuɫ]

T&P BOOKS

LES VOYAGES. L'HÔTEL

T&P Books Publishing

tourisme (m)	**turizëm** (m)	[turízəm]
touriste (m)	**turist** (m)	[turíst]
voyage (m) (à l'étranger)	**udhëtim** (m)	[uðətím]
aventure (f)	**aventurë** (f)	[avɛntúrə]
voyage (m)	**udhëtim** (m)	[uðətím]
vacances (f pl)	**pushim** (m)	[puʃím]
être en vacances	**jam me pushime**	[jam mɛ puʃímɛ]
repos (m) (jours de ~)	**pushim** (m)	[puʃím]
train (m)	**tren** (m)	[trɛn]
en train	**me tren**	[mɛ trén]
avion (m)	**avion** (m)	[avión]
en avion	**me avion**	[mɛ avión]
en voiture	**me makinë**	[mɛ makínə]
en bateau	**me anije**	[mɛ aníjɛ]
bagage (m)	**bagazh** (m)	[bagáʒ]
malle (f)	**valixhe** (f)	[valídʒɛ]
chariot (m)	**karrocë bagazhesh** (f)	[karótsə bagáʒɛʃ]
passeport (m)	**pasaportë** (f)	[pasapórtə]
visa (m)	**vizë** (f)	[vízə]
ticket (m)	**biletë** (f)	[bilétə]
billet (m) d'avion	**biletë avioni** (f)	[bilétə avióni]
guide (m) (livre)	**guidë turistike** (f)	[guídə turistíkɛ]
carte (f)	**hartë** (f)	[hártə]
région (f) (~ rurale)	**zonë** (f)	[zónə]
endroit (m)	**vend** (m)	[vɛnd]
exotisme (m)	**ekzotikë** (f)	[ɛkzotíkə]
exotique (adj)	**ekzotik**	[ɛkzotík]
étonnant (adj)	**mahnitëse**	[mahnítəsɛ]
groupe (m)	**grup** (m)	[grup]
excursion (f)	**ekskursion** (m)	[ɛkskursión]
guide (m) (personne)	**udhërrëfyes** (m)	[uðərəfýɛs]

hôtel (m), auberge (f)	**hotel** (m)	[hotél]
motel (m)	**motel** (m)	[motél]

3 étoiles	me tre yje	[mɛ trɛ ýjɛ]
5 étoiles	me pesë yje	[mɛ pésə ýjɛ]
descendre (à l'hôtel)	qëndroj	[cəndrój]

chambre (f)	dhomë (f)	[ðómə]
chambre (f) simple	dhomë teke (f)	[ðómə tékɛ]
chambre (f) double	dhomë dyshe (f)	[ðómə dýʃɛ]
réserver une chambre	rezervoj një dhomë	[rɛzɛrvój ɲə ðómə]

demi-pension (f)	gjysmë-pension (m)	[ɟýsmə-pɛnsión]
pension (f) complète	pension i plotë (m)	[pɛnsión i plótə]

avec une salle de bain	me banjo	[mɛ báɲo]
avec une douche	me dush	[mɛ dúʃ]
télévision (f) par satellite	televizor satelitor (m)	[tɛlɛvizór satɛlitór]
climatiseur (m)	kondicioner (m)	[konditsionér]
serviette (f)	peshqir (m)	[pɛʃcír]
clé (f)	çelës (m)	[tʃéləs]

administrateur (m)	administrator (m)	[administratór]
femme (f) de chambre	pastruese (f)	[pastrúɛsɛ]
porteur (m)	portier (m)	[portiér]
portier (m)	portier (m)	[portiér]

restaurant (m)	restorant (m)	[rɛstoránt]
bar (m)	pab (m), pijetore (f)	[pab], [pijɛtórɛ]
petit déjeuner (m)	mëngjes (m)	[məɲɟés]
dîner (m)	darkë (f)	[dárkə]
buffet (m)	bufe (f)	[bufé]

hall (m)	holl (m)	[hoɫ]
ascenseur (m)	ashensor (m)	[aʃɛnsór]

PRIÈRE DE NE PAS DÉRANGER	MOS SHQETËSONI	[mos ʃcɛtəsóni]
DÉFENSE DE FUMER	NDALOHET DUHANI	[ndalóhɛt duháni]

22. Le tourisme

monument (m)	monument (m)	[monumént]
forteresse (f)	kala (f)	[kalá]
palais (m)	pallat (m)	[paɫát]
château (m)	kështjellë (f)	[kəʃtjéɫə]
tour (f)	kullë (f)	[kúɫə]
mausolée (m)	mauzoleum (m)	[mauzolɛúm]

architecture (f)	arkitekturë (f)	[arkitɛktúrə]
médiéval (adj)	mesjetare	[mɛsjɛtárɛ]
ancien (adj)	e lashtë	[ɛ láʃtə]
national (adj)	kombëtare	[kombətárɛ]

connu (adj)	**i famshëm**	[i fámʃəm]
touriste (m)	**turist** (m)	[turíst]
guide (m) (personne)	**udhërrëfyes** (m)	[uðərəfýɛs]
excursion (f)	**ekskursion** (m)	[ɛkskursión]
montrer (vt)	**tregoj**	[trɛgój]
raconter (une histoire)	**dëftoj**	[dəftój]

trouver (vt)	**gjej**	[ɟéj]
se perdre (vp)	**humbas**	[humbás]
plan (m) (du metro, etc.)	**hartë** (f)	[hártə]
carte (f) (de la ville, etc.)	**hartë** (f)	[hártə]

souvenir (m)	**suvenir** (m)	[suvɛnír]
boutique (f) de souvenirs	**dyqan dhuratash** (m)	[dycán ðurátaʃ]
prendre en photo	**bëj foto**	[bəj fóto]
se faire prendre en photo	**bëj fotografi**	[bəj fotografí]

T&P BOOKS

LES TRANSPORTS

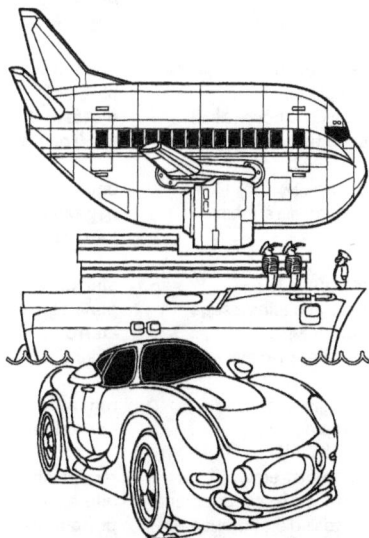

T&P Books Publishing

aéroport (m)	aeroport (m)	[aɛropórt]
avion (m)	avion (m)	[avión]
compagnie (f) aérienne	kompani ajrore (f)	[kompaní ajrórɛ]
contrôleur (m) aérien	kontroll i trafikut ajror (m)	[kontróɫ i trafíkut ajrór]
départ (m)	nisje (f)	[nísjɛ]
arrivée (f)	arritje (f)	[arítjɛ]
arriver (par avion)	arrij me avion	[aríj mɛ avión]
temps (m) de départ	nisja (f)	[nísja]
temps (m) d'arrivée	arritja (f)	[arítja]
être retardé	vonesë	[vonésə]
retard (m) de l'avion	vonesë avioni (f)	[vonésə avióni]
tableau (m) d'informations	ekrani i informacioneve (m)	[ɛkráni i informatsiónɛvɛ]
information (f)	informacion (m)	[informatsión]
annoncer (vt)	njoftoj	[ɲoftój]
vol (m)	fluturim (m)	[fluturím]
douane (f)	doganë (f)	[dogánə]
douanier (m)	doganier (m)	[doganiér]
déclaration (f) de douane	deklarim doganor (m)	[dɛklarím doganór]
remplir (vt)	plotësoj	[plotəsój]
remplir la déclaration	plotësoj deklaratën	[plotəsój dɛklarátən]
contrôle (m) de passeport	kontroll pasaportash (m)	[kontróɫ pasapórtaʃ]
bagage (m)	bagazh (m)	[bagáʒ]
bagage (m) à main	bagazh dore (m)	[bagáʒ dórɛ]
chariot (m)	karrocë bagazhesh (f)	[karótsə bagáʒɛʃ]
atterrissage (m)	aterrim (m)	[atɛrím]
piste (f) d'atterrissage	pistë aterrimi (f)	[pístə atɛrími]
atterrir (vi)	aterroj	[atɛrój]
escalier (m) d'avion	shkallë avioni (f)	[ʃkáɫə avióni]
enregistrement (m)	regjistrim (m)	[rɛɟistrím]
comptoir (m) d'enregistrement	sportel regjistrimi (m)	[sportél rɛɟistrími]
s'enregistrer (vp)	regjistrohem	[rɛɟistróhɛm]
carte (f) d'embarquement	biletë e hyrjes (f)	[bilétə ɛ hýrjɛs]
porte (f) d'embarquement	porta e nisjes (f)	[pórta ɛ nísjɛs]

transit (m)	transit (m)	[transít]
attendre (vt)	pres	[prɛs]
salle (f) d'attente	salla e nisjes (f)	[sáɫa ɛ nísjɛs]
raccompagner (à l'aéroport, etc.)	përcjell	[pərtsjéɫ]
dire au revoir	përshëndetem	[pərʃəndétɛm]

24. L'avion

avion (m)	avion (m)	[avión]
billet (m) d'avion	biletë avioni (f)	[bilétə avióni]
compagnie (f) aérienne	kompani ajrore (f)	[kompaní ajrórɛ]
aéroport (m)	aeroport (m)	[aɛropórt]
supersonique (adj)	supersonik	[supɛrsoník]

commandant (m) de bord	kapiten (m)	[kapitén]
équipage (m)	ekip (m)	[ɛkíp]
pilote (m)	pilot (m)	[pilót]
hôtesse (f) de l'air	stjuardesë (f)	[stjuardésə]
navigateur (m)	navigues (m)	[navigúɛs]

ailes (f pl)	krahë (pl)	[kráhə]
queue (f)	bisht (m)	[biʃt]
cabine (f)	kabinë (f)	[kabínə]
moteur (m)	motor (m)	[motór]
train (m) d'atterrissage	karrel (m)	[karél]
turbine (f)	turbinë (f)	[turbínə]

hélice (f)	helikë (f)	[hɛlíkə]
boîte (f) noire	kuti e zezë (f)	[kutí ɛ zézə]
gouvernail (m)	timon (m)	[timón]
carburant (m)	karburant (m)	[karburánt]

consigne (f) de sécurité	udhëzime sigurie (pl)	[uðəzímɛ siguríɛ]
masque (m) à oxygène	maskë oksigjeni (f)	[máskə oksiɟéni]
uniforme (m)	uniformë (f)	[unifórmə]
gilet (m) de sauvetage	jelek shpëtimi (m)	[jɛlék ʃpətími]
parachute (m)	parashutë (f)	[paraʃútə]

décollage (m)	ngritje (f)	[ŋrítjɛ]
décoller (vi)	fluturon	[fluturón]
piste (f) de décollage	pista e fluturimit (f)	[písta ɛ fluturímit]

visibilité (f)	shikueshmëri (f)	[ʃikuɛʃmərí]
vol (m) (~ d'oiseau)	fluturim (m)	[fluturím]
altitude (f)	lartësi (f)	[lartəsí]
trou (m) d'air	xhep ajri (m)	[dʒɛp ájri]

place (f)	karrige (f)	[karígɛ]
écouteurs (m pl)	kufje (f)	[kúfjɛ]

tablette (f)	tabaka (f)	[tabaká]
hublot (m)	dritare avioni (f)	[dritárɛ avióni]
couloir (m)	korridor (m)	[koridór]

25. Le train

train (m)	tren (m)	[trɛn]
train (m) de banlieue	tren elektrik (m)	[trɛn ɛlɛktrík]
TGV (m)	tren ekspres (m)	[trɛn ɛksprés]
locomotive (f) diesel	lokomotivë me naftë (f)	[lokomótivə mɛ náftə]
locomotive (f) à vapeur	lokomotivë me avull (f)	[lokomótivə mɛ ávuɫ]

| wagon (m) | vagon (m) | [vagón] |
| wagon-restaurant (m) | vagon restorant (m) | [vagón rɛstoránt] |

rails (m pl)	shina (pl)	[ʃína]
chemin (m) de fer	hekurudhë (f)	[hɛkurúðə]
traverse (f)	traversë (f)	[travérsə]

quai (m)	platformë (f)	[platfórmə]
voie (f)	binar (m)	[binár]
sémaphore (m)	semafor (m)	[sɛmafór]
station (f)	stacion (m)	[statsión]

conducteur (m) de train	makinist (m)	[makiníst]
porteur (m)	portier (m)	[portiér]
steward (m)	konduktor (m)	[konduktór]
passager (m)	pasagjer (m)	[pasaɟér]
contrôleur (m) de billets	konduktor (m)	[konduktór]

| couloir (m) | korridor (m) | [koridór] |
| frein (m) d'urgence | frena urgjence (f) | [fréna urɟéntsɛ] |

compartiment (m)	ndarje (f)	[ndárjɛ]
couchette (f)	kat (m)	[kat]
couchette (f) d'en haut	kati i sipërm (m)	[káti i sípərm]
couchette (f) d'en bas	kati i poshtëm (m)	[káti i póʃtəm]
linge (m) de lit	shtroje shtrati (pl)	[ʃtrójɛ ʃtráti]

ticket (m)	biletë (f)	[bilétə]
horaire (m)	orar (m)	[orár]
tableau (m) d'informations	tabelë e informatave (f)	[tabéla ɛ informátavɛ]

partir (vi)	niset	[nísɛt]
départ (m) (du train)	nisje (f)	[nísjɛ]
arriver (le train)	arrij	[aríj]
arrivée (f)	arritje (f)	[arítjɛ]

| arriver en train | arrij me tren | [aríj mɛ trɛn] |
| prendre le train | hip në tren | [hip nə trén] |

descendre du train	**zbres nga treni**	[zbrɛs ŋa tréni]
accident (m) ferroviaire	**aksident hekurudhor** (m)	[aksidént hɛkuruðór]
dérailler (vi)	**del nga shinat**	[dɛl ŋa ʃínat]

locomotive (f) à vapeur	**lokomotivë me avull** (f)	[lokomótivə mɛ ávuɫ]
chauffeur (m)	**mbikëqyrës i zjarrit** (m)	[mbikəcýrəs i zjárit]
chauffe (f)	**furrë** (f)	[fúrə]
charbon (m)	**qymyr** (m)	[cymýr]

26. Le bateau

bateau (m)	**anije** (f)	[aníjɛ]
navire (m)	**mjet lundrues** (m)	[mjét lundrúɛs]

bateau (m) à vapeur	**anije me avull** (f)	[aníjɛ mɛ ávuɫ]
paquebot (m)	**anije lumi** (f)	[aníjɛ lúmi]
bateau (m) de croisière	**krocierë** (f)	[krotsiérə]
croiseur (m)	**anije luftarake** (f)	[aníjɛ luftarákɛ]

yacht (m)	**jaht** (m)	[jáht]
remorqueur (m)	**anije rimorkiuese** (f)	[aníjɛ rimorkiúɛsɛ]
péniche (f)	**anije transportuese** (f)	[aníjɛ transportúɛsɛ]
ferry (m)	**traget** (m)	[tragét]

voilier (m)	**anije me vela** (f)	[aníjɛ mɛ véla]
brigantin (m)	**brigantinë** (f)	[brigantínə]

brise-glace (m)	**akullthyese** (f)	[akuɫθýɛsɛ]
sous-marin (m)	**nëndetëse** (f)	[nəndétəsɛ]

canot (m) à rames	**barkë** (f)	[bárkə]
dinghy (m)	**gomone** (f)	[gomónɛ]
canot (m) de sauvetage	**varkë shpëtimi** (f)	[várkə ʃpətími]
canot (m) à moteur	**skaf** (m)	[skaf]

capitaine (m)	**kapiten** (m)	[kapitén]
matelot (m)	**marinar** (m)	[marinár]
marin (m)	**marinar** (m)	[marinár]
équipage (m)	**ekip** (m)	[ɛkíp]

maître (m) d'équipage	**kryemarinar** (m)	[kryɛmarinár]
mousse (m)	**djali i anijes** (m)	[djáli i aníjɛs]
cuisinier (m) du bord	**kuzhinier** (m)	[kuʒiniér]
médecin (m) de bord	**doktori i anijes** (m)	[doktóri i aníjɛs]

pont (m)	**kuverta** (f)	[kuvérta]
mât (m)	**direk** (m)	[dirék]
voile (f)	**vela** (f)	[véla]
cale (f)	**bagazh** (m)	[bagáʒ]
proue (f)	**harku sipëror** (m)	[hárku sipərór]

poupe (f)	pjesa e pasme (f)	[pjésa ɛ pásmɛ]
rame (f)	rrem (m)	[rɛm]
hélice (f)	helikë (f)	[hɛlíkə]

cabine (f)	kabinë (f)	[kabínə]
carré (m) des officiers	zyrë e oficerëve (m)	[zýrə ɛ ofitsérəvɛ]
salle (f) des machines	salla e motorit (m)	[sáła ɛ motórit]
passerelle (f)	urë komanduese (f)	[úrə komandúɛsɛ]
cabine (f) de T.S.F.	kabina radiotelegrafike (f)	[kabína radiotɛlɛgrafíkɛ]
onde (f)	valë (f)	[válə]
journal (m) de bord	libri i shënimeve (m)	[líbri i ʃənímɛvɛ]

longue-vue (f)	dylbi (f)	[dylbí]
cloche (f)	këmbanë (f)	[kəmbánə]
pavillon (m)	flamur (m)	[flamúr]

grosse corde (f) tressée	pallamar (m)	[pałamár]
nœud (m) marin	nyjë (f)	[nýjə]

rampe (f)	parmakë (pl)	[parmákə]
passerelle (f)	shkallë (f)	[ʃkáłə]

ancre (f)	spirancë (f)	[spirántsə]
lever l'ancre	ngre spirancën	[ŋré spirántsən]
jeter l'ancre	hedh spirancën	[hɛð spirántsən]
chaîne (f) d'ancrage	zinxhir i spirancës (m)	[zindʒír i spirántsəs]

port (m)	port (m)	[port]
embarcadère (m)	skelë (f)	[skélə]
accoster (vi)	ankoroj	[ankorój]
larguer les amarres	niset	[nísɛt]

voyage (m) (à l'étranger)	udhëtim (m)	[uðətím]
croisière (f)	udhëtim me krocierë (f)	[uðətím mɛ krotsiérə]
cap (m) (suivre un ~)	kursi i udhëtimit (m)	[kúrsi i uðətímit]
itinéraire (m)	itinerar (m)	[itinɛrár]

chenal (m)	ujëra të lundrueshme (f)	[újəra tə lundrúɛʃmɛ]
bas-fond (m)	cekëtinë (f)	[tsɛkətínə]
échouer sur un bas-fond	bllokohet në rërë	[błokóhɛt nə rərə]

tempête (f)	stuhi (f)	[stuhí]
signal (m)	sinjal (m)	[siɲál]
sombrer (vi)	fundoset	[fundósɛt]
Un homme à la mer!	Njeri në det!	[ɲɛrí nə dɛt!]
SOS (m)	SOS (m)	[sos]
bouée (f) de sauvetage	bovë shpëtuese (f)	[bóvə ʃpətúɛsɛ]

LA VILLE

T&P Books Publishing

27. Les transports en commun

autobus (m)	**autobus** (m)	[autobús]
tramway (m)	**tramvaj** (m)	[tramváj]
trolleybus (m)	**autobus tramvaj** (m)	[autobús tramváj]
itinéraire (m)	**itinerar** (m)	[itinɛrár]
numéro (m)	**numër** (m)	[númər]
prendre ...	**udhëtoj me ...**	[uðətój mɛ ...]
monter (dans l'autobus)	**hip**	[hip]
descendre de ...	**zbres ...**	[zbrɛs ...]
arrêt (m)	**stacion** (m)	[statsión]
arrêt (m) prochain	**stacioni tjetër** (m)	[statsióni tjétər]
terminus (m)	**terminal** (m)	[tɛrminál]
horaire (m)	**orar** (m)	[orár]
attendre (vt)	**pres**	[prɛs]
ticket (m)	**biletë** (f)	[bilétə]
prix (m) du ticket	**çmim bilete** (m)	[tʃmím bilétɛ]
caissier (m)	**shitës biletash** (m)	[ʃítəs bilétaʃ]
contrôle (m) des tickets	**kontroll biletash** (m)	[kontrół bilétaʃ]
contrôleur (m)	**kontrollues biletash** (m)	[kontrołúɛs bilétaʃ]
être en retard	**vonohem**	[vonóhɛm]
rater (~ le train)	**humbas**	[humbás]
se dépêcher	**nxitoj**	[ndzitój]
taxi (m)	**taksi** (m)	[táksi]
chauffeur (m) de taxi	**shofer taksie** (m)	[ʃofér taksíɛ]
en taxi	**me taksi**	[mɛ táksi]
arrêt (m) de taxi	**stacion taksish** (m)	[statsión táksiʃ]
appeler un taxi	**thërras taksi**	[θərás táksi]
prendre un taxi	**marr taksi**	[mar táksi]
trafic (m)	**trafik** (m)	[trafík]
embouteillage (m)	**bllokim trafiku** (m)	[błokím trafíku]
heures (f pl) de pointe	**orë e trafikut të rëndë** (f)	[órə ɛ trafíkut tə rəndə]
se garer (vp)	**parkoj**	[parkój]
garer (vt)	**parkim**	[parkím]
parking (m)	**parking** (m)	[parkíŋ]
métro (m)	**metro** (f)	[mɛtró]
station (f)	**stacion** (m)	[statsión]
prendre le métro	**shkoj me metro**	[ʃkoj mɛ métró]

| train (m) | tren (m) | [trɛn] |
| gare (f) | stacion treni (m) | [statsión tréni] |

28. La ville. La vie urbaine

ville (f)	qytet (m)	[cytét]
capitale (f)	kryeqytet (m)	[kryɛcytét]
village (m)	fshat (m)	[fʃát]

plan (m) de la ville	hartë e qytetit (f)	[hártə ɛ cytétit]
centre-ville (m)	qendër e qytetit (f)	[céndər ɛ cytétit]
banlieue (f)	periferi (f)	[pɛrifɛrí]
de banlieue (adj)	periferik	[pɛrifɛrík]

périphérie (f)	periferia (f)	[pɛrifɛría]
alentours (m pl)	periferia (f)	[pɛrifɛría]
quartier (m)	bllok pallatesh (m)	[bɫók paɫátɛʃ]
quartier (m) résidentiel	bllok banimi (m)	[bɫók baními]

trafic (m)	trafik (m)	[trafík]
feux (m pl) de circulation	semafor (m)	[sɛmafór]
transport (m) urbain	transport publik (m)	[transpórt publík]
carrefour (m)	kryqëzim (m)	[krycəzím]

passage (m) piéton	kalim për këmbësorë (m)	[kalím pər kəmbəsórə]
passage (m) souterrain	nënkalim për këmbësorë (m)	[nənkalím pər kəmbəsórə]
traverser (vt)	kapërcej	[kapərtséj]
piéton (m)	këmbësor (m)	[kəmbəsór]
trottoir (m)	trotuar (m)	[trotuár]

pont (m)	urë (f)	[úrə]
quai (m)	breg lumi (m)	[brɛg lúmi]
fontaine (f)	shatërvan (m)	[ʃatərván]

allée (f)	rrugëz (m)	[rúgəz]
parc (m)	park (m)	[park]
boulevard (m)	bulevard (m)	[bulɛvárd]
place (f)	shesh (m)	[ʃɛʃ]
avenue (f)	bulevard (m)	[bulɛvárd]
rue (f)	rrugë (f)	[rúgə]
ruelle (f)	rrugë dytësore (f)	[rúgə dytəsórɛ]
impasse (f)	rrugë pa krye (f)	[rúgə pa krýɛ]

maison (f)	shtëpi (f)	[ʃtəpí]
édifice (m)	ndërtesë (f)	[ndərtésə]
gratte-ciel (m)	qiellgërvishtës (m)	[ciɛɫgərvíʃtəs]

| façade (f) | fasadë (f) | [fasádə] |
| toit (m) | çati (f) | [tʃatí] |

fenêtre (f)	dritare (f)	[dritárɛ]
arc (m)	hark (m)	[hárk]
colonne (f)	kolonë (f)	[kolónǝ]
coin (m)	kënd (m)	[kǝnd]

vitrine (f)	vitrinë (f)	[vitrínǝ]
enseigne (f)	tabelë (f)	[tabélǝ]
affiche (f)	poster (m)	[postér]
affiche (f) publicitaire	afishe reklamuese (f)	[afíʃɛ rɛklamúɛsɛ]
panneau-réclame (m)	tabelë reklamash (f)	[tabélǝ rɛklámaʃ]

ordures (f pl)	plehra (f)	[pléhra]
poubelle (f)	kosh plehrash (m)	[koʃ pléhraʃ]
jeter à terre	hedh mbeturina	[hɛð mbɛturína]
décharge (f)	deponi plehrash (f)	[dɛponí pléhraʃ]

cabine (f) téléphonique	kabinë telefonike (f)	[kabínǝ tɛlɛfoníkɛ]
réverbère (m)	shtyllë dritash (f)	[ʃtýłǝ drítaʃ]
banc (m)	stol (m)	[stol]

policier (m)	polic (m)	[políts]
police (f)	polici (f)	[politsí]
clochard (m)	lypës (m)	[lýpǝs]
sans-abri (m)	i pastrehë (m)	[i pastréhǝ]

29. Les institutions urbaines

magasin (m)	dyqan (m)	[dycán]
pharmacie (f)	farmaci (f)	[farmatsí]
opticien (m)	optikë (f)	[optíkǝ]
centre (m) commercial	qendër tregtare (f)	[céndǝr trɛgtárɛ]
supermarché (m)	supermarket (m)	[supɛrmarkét]

boulangerie (f)	furrë (f)	[fúrǝ]
boulanger (m)	furrtar (m)	[furtár]
pâtisserie (f)	pastiçeri (f)	[pastitʃɛrí]
épicerie (f)	dyqan ushqimor (m)	[dycán uʃcimór]
boucherie (f)	dyqan mishi (m)	[dycán míʃi]

magasin (m) de légumes	dyqan fruta-perimesh (m)	[dycán frúta-pɛrímɛʃ]
marché (m)	treg (m)	[trɛg]

salon (m) de café	kafene (f)	[kafɛné]
restaurant (m)	restorant (m)	[rɛstoránt]
brasserie (f)	pab (m), pijetore (f)	[pab], [pijɛtórɛ]
pizzeria (f)	piceri (f)	[pitsɛrí]

salon (m) de coiffure	parukeri (f)	[parukɛrí]
poste (f)	zyrë postare (f)	[zýrǝ postárɛ]
pressing (m)	pastrim kimik (m)	[pastrím kimík]

atelier (m) de photo	**studio fotografike** (f)	[stúdio fotografíkɛ]
magasin (m) de chaussures	**dyqan këpucësh** (m)	[dycán kəpútsəʃ]
librairie (f)	**librari** (f)	[librarí]
magasin (m) d'articles de sport	**dyqan me mallra sportivë** (m)	[dycán mɛ mátra sportívə]

atelier (m) de retouche	**rrobaqepësi** (f)	[robacɛpəsí]
location (f) de vêtements	**dyqan veshjesh me qira** (m)	[dycán véʃjɛʃ mɛ cirá]
location (f) de films	**dyqan videosh me qira** (m)	[dycán vídɛoʃ mɛ cirá]

cirque (m)	**cirk** (m)	[tsírk]
zoo (m)	**kopsht zoologjik** (m)	[kópʃt zooloɟík]
cinéma (m)	**kinema** (f)	[kinɛmá]
musée (m)	**muze** (m)	[muzé]
bibliothèque (f)	**bibliotekë** (f)	[bibliotékə]

théâtre (m)	**teatër** (m)	[tɛátər]
opéra (m)	**opera** (f)	[opéra]

boîte (f) de nuit	**klub nate** (m)	[klúb nátɛ]
casino (m)	**kazino** (f)	[kazíno]

mosquée (f)	**xhami** (f)	[dʒamí]
synagogue (f)	**sinagogë** (f)	[sinagógə]
cathédrale (f)	**katedrale** (f)	[katɛdrálɛ]

temple (m)	**tempull** (m)	[témpuɫ]
église (f)	**kishë** (f)	[kíʃə]

institut (m)	**kolegj** (m)	[koléɟ]
université (f)	**universitet** (m)	[univɛrsitét]
école (f)	**shkollë** (f)	[ʃkótə]

préfecture (f)	**prefekturë** (f)	[prɛfɛktúrə]
mairie (f)	**bashki** (f)	[baʃkí]

hôtel (m)	**hotel** (m)	[hotél]
banque (f)	**bankë** (f)	[bánkə]

ambassade (f)	**ambasadë** (f)	[ambasádə]
agence (f) de voyages	**agjenci udhëtimesh** (f)	[aɟɛntsí uðətímɛʃ]

bureau (m) d'information	**zyrë informacioni** (f)	[zýrə informatsióni]
bureau (m) de change	**këmbim valutor** (m)	[kəmbím valutór]

métro (m)	**metro** (f)	[mɛtró]
hôpital (m)	**spital** (m)	[spitál]

station-service (f)	**pikë karburanti** (f)	[píkə karburánti]
parking (m)	**parking** (m)	[parkíŋ]

30. Les enseignes. Les panneaux

enseigne (f)	tabelë (f)	[tabélə]
pancarte (f)	njoftim (m)	[ɲoftím]
poster (m)	poster (m)	[postér]
indicateur (m) de direction	tabelë drejtuese (f)	[tabélə drɛjtúɛsɛ]
flèche (f)	shigjetë (f)	[ʃiɟétə]
avertissement (m)	kujdes (m)	[kujdés]
panneau d'avertissement	shenjë paralajmëruese (f)	[ʃéɲə paralajmərúɛsɛ]
avertir (vt)	paralajmëroj	[paralajmərój]
jour (m) de repos	ditë pushimi (f)	[dítə puʃími]
horaire (m)	orar (m)	[orár]
heures (f pl) d'ouverture	orari i punës (m)	[orári i púnəs]
BIENVENUE!	MIRË SE VINI!	[mírə sɛ víni!]
ENTRÉE	HYRJE	[hýrjɛ]
SORTIE	DALJE	[dáljɛ]
POUSSER	SHTY	[ʃty]
TIRER	TËRHIQ	[tərhíc]
OUVERT	HAPUR	[hápur]
FERMÉ	MBYLLUR	[mbýɫur]
FEMMES	GRA	[gra]
HOMMES	BURRA	[búra]
RABAIS	ZBRITJE	[zbrítjɛ]
SOLDES	ULJE	[úljɛ]
NOUVEAU!	TË REJA!	[tə réja!]
GRATUIT	FALAS	[fálas]
ATTENTION!	KUJDES!	[kujdés!]
COMPLET	NUK KA VENDE TË LIRA	[nuk ka véndɛ tə líra]
RÉSERVÉ	E REZERVUAR	[ɛ rɛzɛrvúar]
ADMINISTRATION	ADMINISTRATA	[administráta]
RÉSERVÉ AU PERSONNEL	VETËM PËR STAFIN	[vétəm pər stáfin]
ATTENTION CHIEN MÉCHANT	RUHUNI NGA QENI!	[rúhuni ŋa céni!]
DÉFENSE DE FUMER	NDALOHET DUHANI	[ndalóhɛt duháni]
PRIÈRE DE NE PAS TOUCHER	MOS PREK!	[mos prék!]
DANGEREUX	TË RREZIKSHME	[tə rɛzíkʃmɛ]
DANGER	RREZIK	[rɛzík]
HAUTE TENSION	TENSION I LARTË	[tɛnsión i lártə]
BAIGNADE INTERDITE	NUK LEJOHET NOTI!	[nuk lɛjóhɛt nóti!]

HORS SERVICE	E PRISHUR	[ɛ príʃur]
INFLAMMABLE	LËNDË DJEGËSE	[ləndə djégəsɛ]
INTERDIT	E NDALUAR	[ɛ ndalúar]
PASSAGE INTERDIT	NDALOHET HYRJA	[ndalóhɛt hýrja]
PEINTURE FRAÎCHE	BOJË E FRESKËT	[bójə ɛ fréskət]

31. Le shopping

acheter (vt)	blej	[blɛj]
achat (m)	blerje (f)	[blérjɛ]
faire des achats	shkoj për pazar	[ʃkoj pər pazár]
shopping (m)	pazar (m)	[pazár]

| être ouvert | hapur | [hápur] |
| être fermé | mbyllur | [mbýɫur] |

chaussures (f pl)	këpucë (f)	[kəpútsə]
vêtement (m)	veshje (f)	[véʃjɛ]
produits (m pl) de beauté	kozmetikë (f)	[kozmɛtíkə]
produits (m pl) alimentaires	mallra ushqimore (f)	[máɫra uʃcimórɛ]
cadeau (m)	dhuratë (f)	[ðurátə]

| vendeur (m) | shitës (m) | [ʃítəs] |
| vendeuse (f) | shitëse (f) | [ʃítəsɛ] |

caisse (f)	arkë (f)	[árkə]
miroir (m)	pasqyrë (f)	[pascýrə]
comptoir (m)	banak (m)	[bának]
cabine (f) d'essayage	dhomë prove (f)	[ðómə próvɛ]

essayer (robe, etc.)	provoj	[provój]
aller bien (robe, etc.)	më rri mirë	[mə ri mírə]
plaire (être apprécié)	pëlqej	[pəlcéj]

prix (m)	çmim (m)	[tʃmím]
étiquette (f) de prix	etiketa e çmimit (f)	[ɛtikéta ɛ tʃmímit]
coûter (vt)	kushton	[kuʃtón]
Combien?	Sa?	[sa?]
rabais (m)	ulje (f)	[úljɛ]

| pas cher (adj) | jo e shtrenjtë | [jo ɛ ʃtréɲtə] |
| bon marché (adj) | e lirë | [ɛ lírə] |

| cher (adj) | i shtrenjtë | [i ʃtréɲtə] |
| C'est cher | Është e shtrenjtë | [əʃtə ɛ ʃtréɲtə] |

location (f)	qiramarrje (f)	[ciramárjɛ]
louer (une voiture, etc.)	marr me qira	[mar mɛ cirá]
crédit (m)	kredit (m)	[krɛdít]
à crédit (adv)	me kredi	[mɛ krɛdí]

T&P BOOKS

LES VÊTEMENTS &
LES ACCESSOIRES

T&P Books Publishing

32. Les vêtements d'extérieur

vêtement (m)	rroba (f)	[róba]
survêtement (m)	veshje e sipërme (f)	[véʃjɛ ɛ sípərmɛ]
vêtement (m) d'hiver	veshje dimri (f)	[véʃjɛ dímri]

manteau (m)	pallto (f)	[páłto]
manteau (m) de fourrure	gëzof (m)	[gəzóf]
veste (f) de fourrure	xhaketë lëkure (f)	[dʒakétə ləkúrɛ]
manteau (m) de duvet	xhup (m)	[dʒup]

veste (f) (~ en cuir)	xhaketë (f)	[dʒakétə]
imperméable (m)	pardesy (f)	[pardɛsý]
imperméable (adj)	kundër shiut	[kúndər ʃíut]

33. Les vêtements

chemise (f)	këmishë (f)	[kəmíʃə]
pantalon (m)	pantallona (f)	[pantałóna]
jean (m)	xhinse (f)	[dʒínsɛ]
veston (m)	xhaketë kostumi (f)	[dʒakétə kostúmi]
complet (m)	kostum (m)	[kostúm]

robe (f)	fustan (m)	[fustán]
jupe (f)	fund (m)	[fund]
chemisette (f)	bluzë (f)	[blúzə]
veste (f) en laine	xhaketë me thurje (f)	[dʒakétə mɛ θúrjɛ]
jaquette (f), blazer (m)	xhaketë femrash (f)	[dʒakétə fémraʃ]

tee-shirt (m)	bluzë (f)	[blúzə]
short (m)	pantallona të shkurtra (f)	[pantałóna tə ʃkúrtra]
costume (m) de sport	tuta sportive (f)	[túta sportívɛ]
peignoir (m) de bain	peshqir trupi (m)	[pɛʃcír trúpi]
pyjama (m)	pizhame (f)	[piʒámɛ]

chandail (m)	triko (f)	[tríko]
pull-over (m)	pulovër (m)	[pulóvər]

gilet (m)	jelek (m)	[jɛlék]
queue-de-pie (f)	frak (m)	[frak]
smoking (m)	smoking (m)	[smokíŋ]

uniforme (m)	uniformë (f)	[unifórmə]
tenue (f) de travail	rroba pune (f)	[róba púnɛ]

| salopette (f) | kominoshe (f) | [kominóʃɛ] |
| blouse (f) (d'un médecin) | uniformë (f) | [unifórmə] |

34. Les sous-vêtements

sous-vêtements (m pl)	të brendshme (f)	[tə bréndʃmɛ]
boxer (m)	boksera (f)	[bokséra]
slip (m) de femme	brekë (f)	[brékə]
maillot (m) de corps	fanellë (f)	[fanéłə]
chaussettes (f pl)	çorape (pl)	[tʃorápɛ]

chemise (f) de nuit	këmishë nate (f)	[kəmíʃə nátɛ]
soutien-gorge (m)	sytjena (f)	[sytjéna]
chaussettes (f pl) hautes	çorape déri tek gjuri (pl)	[tʃorápɛ déri ték ɟúri]
collants (m pl)	geta (f)	[géta]
bas (m pl)	çorape të holla (pl)	[tʃorápɛ tə hóła]
maillot (m) de bain	rrobë banje (f)	[róbə báɲɛ]

35. Les chapeaux

chapeau (m)	kapelë (f)	[kapélə]
chapeau (m) feutre	kapelë republike (f)	[kapélə rɛpublíkɛ]
casquette (f) de base-ball	kapelë bejsbolli (f)	[kapélə bɛjsbółi]
casquette (f)	kapelë e sheshtë (f)	[kapélə ɛ ʃéʃtə]

béret (m)	beretë (f)	[bɛrétə]
capuche (f)	kapuç (m)	[kapútʃ]
panama (m)	kapelë panama (f)	[kapélə panamá]
bonnet (m) de laine	kapuç leshi (m)	[kapútʃ léʃi]

| foulard (m) | shami (f) | [ʃamí] |
| chapeau (m) de femme | kapelë femrash (f) | [kapélə fémraʃ] |

casque (m) (d'ouvriers)	helmetë (f)	[hɛlmétə]
calot (m)	kapelë ushtrie (f)	[kapélə uʃtríɛ]
casque (m) (~ de moto)	helmetë (f)	[hɛlmétə]

| melon (m) | kapelë derby (f) | [kapélə dérby] |
| haut-de-forme (m) | kapelë cilindër (f) | [kapélə tsilíndər] |

36. Les chaussures

chaussures (f pl)	këpucë (pl)	[kəpútsə]
bottines (f pl)	këpucë burrash (pl)	[kəpútsə búraʃ]
souliers (m pl) (~ plats)	këpucë grash (pl)	[kəpútsə gráʃ]
bottes (f pl)	çizme (pl)	[tʃízmɛ]

chaussons (m pl)	pantofla (pl)	[pantófla]
tennis (m pl)	atlete tenisi (pl)	[atlétɛ tɛnísi]
baskets (f pl)	atlete (pl)	[atlétɛ]
sandales (f pl)	sandale (pl)	[sandálɛ]
cordonnier (m)	këpucëtar (m)	[kəputsətár]
talon (m)	takë (f)	[tákə]
paire (f)	palë (f)	[pálə]
lacet (m)	lidhëse këpucësh (f)	[líðəsɛ kəpútsəʃ]
lacer (vt)	lidh këpucët	[lið kəpútsət]
chausse-pied (m)	lugë këpucësh (f)	[lúgə kəpútsəʃ]
cirage (m)	bojë këpucësh (f)	[bójə kəpútsəʃ]

37. Les accessoires personnels

gants (m pl)	dorëza (pl)	[dórəza]
moufles (f pl)	doreza (f)	[doréza]
écharpe (f)	shall (m)	[ʃaɫ]
lunettes (f pl)	syze (f)	[sýzɛ]
monture (f)	skelet syzesh (m)	[skɛlét sýzɛʃ]
parapluie (m)	çadër (f)	[tʃádər]
canne (f)	bastun (m)	[bastún]
brosse (f) à cheveux	furçë flokësh (f)	[fúrtʃə flókəʃ]
éventail (m)	erashkë (f)	[ɛráʃkə]
cravate (f)	kravatë (f)	[kravátə]
nœud papillon (m)	papion (m)	[papión]
bretelles (f pl)	aski (pl)	[askí]
mouchoir (m)	shami (f)	[ʃamí]
peigne (m)	krehër (m)	[kréhər]
barrette (f)	kapëse flokësh (f)	[kápəsɛ flókəʃ]
épingle (f) à cheveux	karficë (f)	[karfítsə]
boucle (f)	tokëz (f)	[tókəz]
ceinture (f)	rrip (m)	[rip]
bandoulière (f)	rrip supi (m)	[rip súpi]
sac (m)	çantë dore (f)	[tʃántə dórɛ]
sac (m) à main	çantë (f)	[tʃántə]
sac (m) à dos	çantë shpine (f)	[tʃántə ʃpínɛ]

38. Les vêtements. Divers

mode (f)	modë (f)	[módə]
à la mode (adj)	në modë	[nə módə]

couturier, créateur de mode	stilist (m)	[stilíst]
col (m)	jakë (f)	[jákə]
poche (f)	xhep (m)	[dʒɛp]
de poche (adj)	i xhepit	[i dʒépit]
manche (f)	mëngë (f)	[méŋə]
bride (f)	hallkë për varje (f)	[háɫkə pər várjɛ]
braguette (f)	zinxhir (m)	[zindʒír]
fermeture (f) à glissière	zinxhir (m)	[zindʒír]
agrafe (f)	kapëse (f)	[kápəsɛ]
bouton (m)	kopsë (f)	[kópsə]
boutonnière (f)	vrimë kopse (f)	[vrímə kópsɛ]
s'arracher (bouton)	këputet	[kəpútɛt]
coudre (vi, vt)	qep	[cɛp]
broder (vt)	qëndis	[cəndís]
broderie (f)	qëndisje (f)	[cəndísjɛ]
aiguille (f)	gjilpërë për qepje (f)	[ɟilpérə pər cépjɛ]
fil (m)	pe (m)	[pɛ]
couture (f)	tegel (m)	[tɛgél]
se salir (vp)	bëhem pis	[béhɛm pis]
tache (f)	njollë (f)	[ɲóɫə]
se froisser (vp)	zhubros	[ʒubrós]
déchirer (vt)	gris	[gris]
mite (f)	molë rrobash (f)	[mólə róbaʃ]

39. L'hygiène corporelle. Les cosmétiques

dentifrice (m)	pastë dhëmbësh (f)	[pástə ðémbəʃ]
brosse (f) à dents	furçë dhëmbësh (f)	[fúrtʃə ðémbəʃ]
se brosser les dents	laj dhëmbët	[laj ðémbət]
rasoir (m)	brisk (m)	[brísk]
crème (f) à raser	pastë rroje (f)	[pástə rójɛ]
se raser (vp)	rruhem	[rúhɛm]
savon (m)	sapun (m)	[sapún]
shampooing (m)	shampo (f)	[ʃampó]
ciseaux (m pl)	gërshërë (f)	[gərʃérə]
lime (f) à ongles	limë thonjsh (f)	[límə θóɲʃ]
pinces (f pl) à ongles	prerëse thonjsh (f)	[prérəsɛ θóɲʃ]
pince (f) à épiler	piskatore vetullash (f)	[piskatórɛ vétuɫaʃ]
produits (m pl) de beauté	kozmetikë (f)	[kozmɛtíkə]
masque (m) de beauté	maskë fytyre (f)	[máskə fytýrɛ]
manucure (f)	manikyr (m)	[manikýr]
se faire les ongles	bëj manikyr	[bəj manikýr]

pédicurie (f)	pedikyr (m)	[pɛdikýr]
trousse (f) de toilette	çantë kozmetike (f)	[tʃántə kozmɛtíkɛ]
poudre (f)	pudër fytyre (f)	[púdər fytýrɛ]
poudrier (m)	pudër kompakte (f)	[púdər kompáktɛ]
fard (m) à joues	ruzh (m)	[ruʒ]
parfum (m)	parfum (m)	[parfúm]
eau (f) de toilette	parfum (m)	[parfúm]
lotion (f)	krem (m)	[krɛm]
eau de Cologne (f)	kolonjë (f)	[kolóɲə]
fard (m) à paupières	rimel (m)	[rimél]
crayon (m) à paupières	laps për sy (m)	[láps pər sy]
mascara (m)	rimel (m)	[rimél]
rouge (m) à lèvres	buzëkuq (m)	[buzəkúc]
vernis (m) à ongles	llak për thonj (m)	[ɬak pər θóɲ]
laque (f) pour les cheveux	llak flokësh (m)	[ɬak flókəʃ]
déodorant (m)	deodorant (m)	[dɛodoránt]
crème (f)	krem (m)	[krɛm]
crème (f) pour le visage	krem për fytyrë (m)	[krɛm pər fytýrə]
crème (f) pour les mains	krem për duar (m)	[krɛm pər dúar]
crème (f) anti-rides	krem kundër rrudhave (m)	[krɛm kúndər rúðavɛ]
crème (f) de jour	krem dite (m)	[krɛm dítɛ]
crème (f) de nuit	krem nate (m)	[krɛm nátɛ]
de jour (adj)	dite	[dítɛ]
de nuit (adj)	nate	[nátɛ]
tampon (m)	tampon (m)	[tampón]
papier (m) de toilette	letër higjienike (f)	[létər hiʝiɛníkɛ]
sèche-cheveux (m)	tharëse flokësh (f)	[θárəsɛ flókəʃ]

40. Les montres. Les horloges

montre (f)	orë dore (f)	[órə dórɛ]
cadran (m)	faqe e orës (f)	[fácɛ ɛ órəs]
aiguille (f)	akrep (m)	[akrép]
bracelet (m)	rrip metalik ore (m)	[rip mɛtalík órɛ]
bracelet (m) (en cuir)	rrip ore (m)	[rip órɛ]
pile (f)	bateri (f)	[batɛrí]
être déchargé	e shkarkuar	[ɛ ʃkarkúar]
changer de pile	ndërroj baterinë	[ndərój batɛrínə]
avancer (vi)	kalon shpejt	[kalón ʃpéjt]
retarder (vi)	ngel prapa	[ŋɛl prápa]
pendule (f)	orë muri (f)	[órə múri]
sablier (m)	orë rëre (f)	[órə rərɛ]
cadran (m) solaire	orë diellore (f)	[órə diɛɬórɛ]

réveil (m)	**orë me zile** (f)	[órə mɛ zílɛ]
horloger (m)	**orëndreqës** (m)	[orəndrécəs]
réparer (vt)	**ndreq**	[ndréc]

T&P BOOKS

L'EXPÉRIENCE QUOTIDIENNE

T&P Books Publishing

argent (m)	para (f)	[pará]
échange (m)	këmbim valutor (m)	[kəmbím valutór]
cours (m) de change	kurs këmbimi (m)	[kurs kəmbími]
distributeur (m)	bankomat (m)	[bankomát]
monnaie (f)	monedhë (f)	[monéðə]
dollar (m)	dollar (m)	[doɫár]
euro (m)	euro (f)	[éuro]
lire (f)	lirë (f)	[lírə]
mark (m) allemand	Marka gjermane (f)	[márka ɟɛrmánɛ]
franc (m)	franga (f)	[fráŋa]
livre sterling (f)	sterlina angleze (f)	[stɛrlína aŋlézɛ]
yen (m)	jen (m)	[jén]
dette (f)	borxh (m)	[bórdʒ]
débiteur (m)	debitor (m)	[dɛbitór]
prêter (vt)	jap hua	[jap huá]
emprunter (vt)	marr hua	[mar huá]
banque (f)	bankë (f)	[bánkə]
compte (m)	llogari (f)	[ɫogarí]
verser (dans le compte)	depozitoj	[dɛpozitój]
verser dans le compte	depozitoj në llogari	[dɛpozitój nə ɫogarí]
retirer du compte	tërheq	[tərhéc]
carte (f) de crédit	kartë krediti (f)	[kártə krɛdíti]
espèces (f pl)	kesh (m)	[kɛʃ]
chèque (m)	çek (m)	[tʃɛk]
faire un chèque	lëshoj një çek	[ləʃój ɲə tʃék]
chéquier (m)	bllok çeqesh (m)	[bɫók tʃécɛʃ]
portefeuille (m)	portofol (m)	[portofól]
bourse (f)	kuletë (f)	[kulétə]
coffre fort (m)	kasafortë (f)	[kasafórtə]
héritier (m)	trashëgimtar (m)	[traʃəgimtár]
héritage (m)	trashëgimi (f)	[traʃəgimí]
fortune (f)	pasuri (f)	[pasurí]
location (f)	qira (f)	[cirá]
loyer (m) (argent)	qiraja (f)	[cirája]
louer (prendre en location)	marr me qira	[mar mɛ cirá]
prix (m)	çmim (m)	[tʃmím]

coût (m)	kosto (f)	[kósto]
somme (f)	shumë (f)	[ʃúmə]

dépenser (vt)	shpenzoj	[ʃpɛnzój]
dépenses (f pl)	shpenzime (f)	[ʃpɛnzímɛ]
économiser (vt)	kursej	[kurséj]
économe (adj)	ekonomik	[ɛkonomík]

payer (régler)	paguaj	[pagúaj]
paiement (m)	pagesë (f)	[pagésə]
monnaie (f) (rendre la ~)	kusur (m)	[kusúr]

impôt (m)	taksë (f)	[táksə]
amende (f)	gjobë (f)	[ɟóbə]
mettre une amende	vendos gjobë	[vɛndós ɟóbə]

42. La poste. Les services postaux

poste (f)	zyrë postare (f)	[zýrə postárɛ]
courrier (m) (lettres, etc.)	postë (f)	[póstə]
facteur (m)	postier (m)	[postiér]
heures (f pl) d'ouverture	orari i punës (m)	[orári i púnəs]

lettre (f)	letër (f)	[létər]
recommandé (m)	letër rekomande (f)	[létər rɛkomándɛ]
carte (f) postale	kartolinë (f)	[kartolínə]
télégramme (m)	telegram (m)	[tɛlɛgrám]
colis (m)	pako (f)	[páko]
mandat (m) postal	transfer parash (m)	[transfér paráʃ]

recevoir (vt)	pranoj	[pranój]
envoyer (vt)	dërgoj	[dərgój]
envoi (m)	dërgesë (f)	[dərgésə]
adresse (f)	adresë (f)	[adrésə]
code (m) postal	kodi postar (m)	[kódi postár]
expéditeur (m)	dërguesi (m)	[dərgúɛsi]
destinataire (m)	pranues (m)	[pranúɛs]

prénom (m)	emër (m)	[émər]
nom (m) de famille	mbiemër (m)	[mbiémər]

tarif (m)	tarifë postare (f)	[tarífə postárɛ]
normal (adj)	standard	[standárd]
économique (adj)	ekonomike	[ɛkonomíkɛ]

poids (m)	peshë (f)	[péʃə]
peser (~ les lettres)	peshoj	[pɛʃój]
enveloppe (f)	zarf (m)	[zarf]
timbre (m)	pullë postare (f)	[púɫə postárɛ]
timbrer (vt)	vendos pullën postare	[vɛndós púɫən postárɛ]

43. Les opérations bancaires

banque (f)	bankë (f)	[bánkə]
agence (f) bancaire	degë (f)	[dégə]
conseiller (m)	punonjës banke (m)	[punóɲəs bánkɛ]
gérant (m)	drejtor (m)	[drɛjtór]
compte (m)	llogari bankare (f)	[ɫogarí bankárɛ]
numéro (m) du compte	numër llogarie (m)	[númər ɫogaríɛ]
compte (m) courant	llogari rrjedhëse (f)	[ɫogarí rjéðəsɛ]
compte (m) sur livret	llogari kursimesh (f)	[ɫogarí kursímɛʃ]
ouvrir un compte	hap një llogari	[hap ɲə ɫogarí]
clôturer le compte	mbyll një llogari	[mbýɫ ɲə ɫogarí]
verser dans le compte	depozitoj në llogari	[dɛpozitój nə ɫogarí]
retirer du compte	tërheq	[tərhéc]
dépôt (m)	depozitë (f)	[dɛpozítə]
faire un dépôt	kryej një depozitim	[krýɛj ɲə dɛpozitím]
virement (m) bancaire	transfer bankar (m)	[transfér bankár]
faire un transfert	transferoj para	[transfɛrój pará]
somme (f)	shumë (f)	[ʃúmə]
Combien?	Sa?	[sa?]
signature (f)	nënshkrim (m)	[nənʃkrím]
signer (vt)	nënshkruaj	[nənʃkrúaj]
carte (f) de crédit	kartë krediti (f)	[kártə krɛdíti]
code (m)	kodi PIN (m)	[kódi pin]
numéro (m) de carte	numri i kartës	[númri i kártəs
de crédit	së kreditit (m)	sə krɛdítit]
distributeur (m)	bankomat (m)	[bankomát]
chèque (m)	çek (m)	[tʃɛk]
faire un chèque	lëshoj një çek	[ləʃój ɲə tʃék]
chéquier (m)	bllok çeqesh (m)	[bɫók tʃécɛʃ]
crédit (m)	kredi (f)	[krɛdí]
demander un crédit	aplikoj për kredi	[aplikój pər krɛdí]
prendre un crédit	marr kredi	[mar krɛdí]
accorder un crédit	jap kredi	[jap krɛdí]
gage (m)	garanci (f)	[garantsí]

44. Le téléphone. La conversation téléphonique

téléphone (m)	telefon (m)	[tɛlɛfón]
portable (m)	celular (m)	[tsɛlulár]

répondeur (m)	sekretari telefonike (f)	[sɛkrɛtarí tɛlɛfoníkɛ]
téléphoner, appeler	telefonoj	[tɛlɛfonój]
appel (m)	telefonatë (f)	[tɛlɛfonátə]

composer le numéro	i bie numrit	[i bíɛ númrit]
Allô!	Përshëndetje!	[pərʃəndétjɛ!]
demander (~ l'heure)	pyes	[pýɛs]
répondre (vi, vt)	përgjigjem	[pərɟíɟɛm]

entendre (bruit, etc.)	dëgjoj	[dəɟój]
bien (adv)	mirë	[mírə]
mal (adv)	jo mirë	[jo mírə]
bruits (m pl)	zhurmë (f)	[ʒúrmə]

récepteur (m)	marrës (m)	[márəs]
décrocher (vt)	ngre telefonin	[ŋré tɛlɛfónin]
raccrocher (vi)	mbyll telefonin	[mbýɫ tɛlɛfónin]

occupé (adj)	i zënë	[i zénə]
sonner (vi)	bie zilja	[bíɛ zílja]
carnet (m) de téléphone	numerator telefonik (m)	[numɛratór tɛlɛfoník]

local (adj)	lokale	[lokálɛ]
appel (m) local	thirrje lokale (f)	[θírjɛ lokálɛ]
interurbain (adj)	distancë e largët	[distántsə ɛ lárgət]
appel (m) interurbain	thirrje në distancë (f)	[θírjɛ nə distántsə]
international (adj)	ndërkombëtar	[ndərkombətár]
appel (m) international	thirrje ndërkombëtare (f)	[θírjɛ ndərkombətárɛ]

45. Le téléphone portable

portable (m)	celular (m)	[tsɛlulár]
écran (m)	ekran (m)	[ɛkrán]
bouton (m)	buton (m)	[butón]
carte SIM (f)	karta SIM (m)	[kárta sim]

pile (f)	bateri (f)	[batɛrí]
être déchargé	e shkarkuar	[ɛ ʃkarkúar]
chargeur (m)	karikues (m)	[karikúɛs]
menu (m)	menu (f)	[mɛnú]
réglages (m pl)	parametra (f)	[paramétra]
mélodie (f)	melodi (f)	[mɛlodí]
sélectionner (vt)	përzgjedh	[pərzɟéð]

calculatrice (f)	makinë llogaritëse (f)	[makínə ɫogarítəsɛ]
répondeur (m)	postë zanore (f)	[póstə zanórɛ]
réveil (m)	alarm (m)	[alárm]
contacts (m pl)	kontakte (pl)	[kontáktɛ]
SMS (m)	SMS (m)	[ɛsɛmɛs]
abonné (m)	abonent (m)	[abonént]

46. La papeterie

| stylo (m) à bille | stilolaps (m) | [stiloláps] |
| stylo (m) à plume | stilograf (m) | [stilográf] |

crayon (m)	laps (m)	[láps]
marqueur (m)	shënjues (m)	[ʃəɲúɛs]
feutre (m)	tushë me bojë (f)	[túʃə mɛ bójə]

| bloc-notes (m) | bllok shënimesh (m) | [bɫók ʃənímɛʃ] |
| agenda (m) | agjendë (f) | [aɟéndə] |

règle (f)	vizore (f)	[vizórɛ]
calculatrice (f)	makinë llogaritëse (f)	[makínə ɫogarítəsɛ]
gomme (f)	gomë (f)	[gómə]
punaise (f)	pineskë (f)	[pinéskə]
trombone (m)	kapëse fletësh (f)	[kápəsɛ flétəʃ]

colle (f)	ngjitës (m)	[ɲɟítəs]
agrafeuse (f)	ngjitës metalik (m)	[ɲɟítəs mɛtalík]
perforateur (m)	hapës vrimash (m)	[hápəs vrímaʃ]
taille-crayon (m)	mprehëse lapsash (m)	[mpréhəsɛ lápsaʃ]

47. Les langues étrangères

langue (f)	gjuhë (f)	[ɟúhə]
étranger (adj)	huaj	[húaj]
langue (f) étrangère	gjuhë e huaj (f)	[ɟúhə ɛ húaj]
étudier (vt)	studioj	[studiój]
apprendre (~ l'arabe)	mësoj	[məsój]

lire (vi, vt)	lexoj	[lɛdzój]
parler (vi, vt)	flas	[flas]
comprendre (vt)	kuptoj	[kuptój]
écrire (vt)	shkruaj	[ʃkrúaj]

vite (adv)	shpejt	[ʃpɛjt]
lentement (adv)	ngadalë	[ŋadálə]
couramment (adv)	rrjedhshëm	[rjéðʃəm]

règles (f pl)	rregullat (pl)	[réguɫat]
grammaire (f)	gramatikë (f)	[gramatíkə]
vocabulaire (m)	fjalor (m)	[fjalór]
phonétique (f)	fonetikë (f)	[fonɛtíkə]

manuel (m)	tekst mësimor (m)	[tɛkst məsimór]
dictionnaire (m)	fjalor (m)	[fjalór]
manuel (m) autodidacte	libër i mësimit autodidakt (m)	[líbər i məsímit autodidákt]

guide (m) de conversation	**libër frazeologjik** (m)	[líbər frazɛoloʝík]
cassette (f)	**kasetë** (f)	[kasétə]
cassette (f) vidéo	**videokasetë** (f)	[vidɛokasétə]
CD (m)	**CD** (f)	[tsɛdé]
DVD (m)	**DVD** (m)	[dividí]
alphabet (m)	**alfabet** (m)	[alfabét]
épeler (vt)	**gërmëzoj**	[gərməzój]
prononciation (f)	**shqiptim** (m)	[ʃciptím]
accent (m)	**aksent** (m)	[aksént]
avec un accent	**me aksent**	[mɛ aksént]
sans accent	**pa aksent**	[pa aksént]
mot (m)	**fjalë** (f)	[fjálə]
sens (m)	**kuptim** (m)	[kuptím]
cours (m pl)	**kurs** (m)	[kurs]
s'inscrire (vp)	**regjistrohem**	[rɛɟistróhɛm]
professeur (m) (~ d'anglais)	**mësues** (m)	[məsúɛs]
traduction (f) (action)	**përkthim** (m)	[pərkθím]
traduction (f) (texte)	**përkthim** (m)	[pərkθím]
traducteur (m)	**përkthyes** (m)	[pərkθýɛs]
interprète (m)	**përkthyes** (m)	[pərkθýɛs]
polyglotte (m)	**poliglot** (m)	[poliglót]
mémoire (f)	**kujtesë** (f)	[kujtésə]

BOOKS

T&P

LES REPAS.
LE RESTAURANT

T&P Books Publishing

48. Le dressage de la table

cuillère (f)	**lugë** (f)	[lúgə]
couteau (m)	**thikë** (f)	[θíkə]
fourchette (f)	**pirun** (m)	[pirún]
tasse (f)	**filxhan** (m)	[fildʒán]
assiette (f)	**pjatë** (f)	[pjátə]
soucoupe (f)	**pjatë filxhani** (f)	[pjátə fildʒáni]
serviette (f)	**pecetë** (f)	[pɛtsétə]
cure-dent (m)	**kruajtëse dhëmbësh** (f)	[krúajtəsɛ ðə́mbəʃ]

49. Le restaurant

restaurant (m)	**restorant** (m)	[rɛstoránt]
salon (m) de café	**kafene** (f)	[kafɛné]
bar (m)	**pab** (m), **pijetore** (f)	[pab], [pijɛtórɛ]
salon (m) de thé	**çajtore** (f)	[tʃajtórɛ]
serveur (m)	**kamerier** (m)	[kamɛriér]
serveuse (f)	**kameriere** (f)	[kamɛriérɛ]
barman (m)	**banakier** (m)	[banakiér]
carte (f)	**menu** (f)	[mɛnú]
carte (f) des vins	**menu verërash** (f)	[mɛnú vérəraʃ]
réserver une table	**rezervoj një tavolinë**	[rɛzɛrvój ɲə tavolínə]
plat (m)	**pjatë** (f)	[pjátə]
commander (vt)	**porosis**	[porosís]
faire la commande	**bëj porosinë**	[bəj porosínə]
apéritif (m)	**aperitiv** (m)	[apɛritív]
hors-d'œuvre (m)	**antipastë** (f)	[antipástə]
dessert (m)	**ëmbëlsirë** (f)	[əmbəlsírə]
addition (f)	**faturë** (f)	[fatúrə]
régler l'addition	**paguaj faturën**	[pagúaj fatúrən]
rendre la monnaie	**jap kusur**	[jap kusúr]
pourboire (m)	**bakshish** (m)	[bakʃíʃ]

50. Les repas

nourriture (f)	**ushqim** (m)	[uʃcím]
manger (vi, vt)	**ha**	[ha]

petit déjeuner (m)	mëngjes (m)	[mənɟés]
prendre le petit déjeuner	ha mëngjes	[ha mənɟés]
déjeuner (m)	drekë (f)	[drékə]
déjeuner (vi)	ha drekë	[ha drékə]
dîner (m)	darkë (f)	[dárkə]
dîner (vi)	ha darkë	[ha dárkə]

appétit (m)	oreks (m)	[oréks]
Bon appétit!	Të bëftë mirë!	[tə bəftə mírə!]

ouvrir (vt)	hap	[hap]
renverser (liquide)	derdh	[dérð]
se renverser (liquide)	derdhje	[dérðjɛ]

bouillir (vi)	ziej	[zíɛj]
faire bouillir	ziej	[zíɛj]
bouilli (l'eau ~e)	i zier	[i zíɛɾ]
refroidir (vt)	ftoh	[ftoh]
se refroidir (vp)	ftohje	[ftóhjɛ]

goût (m)	shije (f)	[ʃíjɛ]
arrière-goût (m)	shije (f)	[ʃíjɛ]

suivre un régime	dobësohem	[dobəsóhɛm]
régime (m)	dietë (f)	[diétə]
vitamine (f)	vitaminë (f)	[vitamínə]
calorie (f)	kalori (f)	[kalorí]
végétarien (m)	vegjetarian (m)	[vɛɟɛtarián]
végétarien (adj)	vegjetarian	[vɛɟɛtarián]

lipides (m pl)	yndyrë (f)	[yndýrə]
protéines (f pl)	proteinë (f)	[protɛínə]
glucides (m pl)	karbohidrat (m)	[karbohidrát]

tranche (f)	fetë (f)	[fétə]
morceau (m)	copë (f)	[tsópə]
miette (f)	dromcë (f)	[drómtsə]

51. Les plats cuisinés

plat (m)	pjatë (f)	[pjátə]
cuisine (f)	kuzhinë (f)	[kuʒínə]
recette (f)	recetë (f)	[rɛtsétə]
portion (f)	racion (m)	[ratsión]

salade (f)	sallatë (f)	[saɫátə]
soupe (f)	supë (f)	[súpə]

bouillon (m)	lëng mishi (m)	[ləŋ míʃi]
sandwich (m)	sandviç (m)	[sandvítʃ]

les œufs brouillés	vezë të skuqura (pl)	[vézə tə skúcura]
hamburger (m)	hamburger	[hamburgér]
steak (m)	biftek (m)	[bifték]

garniture (f)	garniturë (f)	[garnitúrə]
spaghettis (m pl)	shpageti (pl)	[ʃpagéti]
purée (f)	pure patatesh (f)	[puré patátɛʃ]
pizza (f)	pica (f)	[pítsa]
bouillie (f)	qull (m)	[cuɫ]
omelette (f)	omëletë (f)	[oməlétə]

cuit à l'eau (adj)	i zier	[i zíɛɾ]
fumé (adj)	i tymosur	[i tymósur]
frit (adj)	i skuqur	[i skúcur]
sec (adj)	i tharë	[i θárə]
congelé (adj)	i ngrirë	[i ŋrírə]
mariné (adj)	i marinuar	[i marinúar]

sucré (adj)	i ëmbël	[i émbəl]
salé (adj)	i kripur	[i krípur]
froid (adj)	i ftohtë	[i ftóhtə]
chaud (adj)	i nxehtë	[i ndzéhtə]
amer (adj)	i hidhur	[i híður]
bon (savoureux)	i shijshëm	[i ʃíʃəm]

cuire à l'eau	ziej	[zíɛj]
préparer (le dîner)	gatuaj	[gatúaj]
faire frire	skuq	[skuc]
réchauffer (vt)	ngroh	[ŋróh]

saler (vt)	hedh kripë	[hɛð krípə]
poivrer (vt)	hedh piper	[hɛð pipér]
râper (vt)	rendoj	[rɛndój]
peau (f)	lëkurë (f)	[ləkúrə]
éplucher (vt)	qëroj	[cərój]

52. Les aliments

viande (f)	mish (m)	[miʃ]
poulet (m)	pulë (f)	[púlə]
poulet (m) (poussin)	mish pule (m)	[miʃ púlɛ]
canard (m)	rosë (f)	[rósə]
oie (f)	patë (f)	[pátə]
gibier (m)	gjah (m)	[ɟáh]
dinde (f)	mish gjel deti (m)	[miʃ ɟɛl déti]

du porc	mish derri (m)	[miʃ déri]
du veau	mish viçi (m)	[miʃ vítʃi]
du mouton	mish qengji (m)	[miʃ cénɟi]
du bœuf	mish lope (m)	[miʃ lópɛ]

lapin (m)	mish lepuri (m)	[miʃ lépuri]
saucisson (m)	salsiçe (f)	[salsítʃɛ]
saucisse (f)	salsiçe vjeneze (f)	[salsítʃɛ vjɛnézɛ]
bacon (m)	proshutë (f)	[proʃútə]
jambon (m)	sallam (m)	[saɫám]
cuisse (f)	kofshë derri (f)	[kófʃə déri]

pâté (m)	pate (f)	[paté]
foie (m)	mëlçi (f)	[məltʃí]
farce (f)	hamburger (m)	[hamburgér]
langue (f)	gjuhë (f)	[ɟúhə]

œuf (m)	ve (f)	[vɛ]
les œufs	vezë (pl)	[vézə]
blanc (m) d'œuf	e bardhë veze (f)	[ɛ bárðə vézɛ]
jaune (m) d'œuf	e verdhë veze (f)	[ɛ vérðə vézɛ]

poisson (m)	peshk (m)	[pɛʃk]
fruits (m pl) de mer	fruta deti (pl)	[frúta déti]
crustacés (m pl)	krustace (pl)	[krustátsɛ]
caviar (m)	havjar (m)	[havjár]

crabe (m)	gaforre (f)	[gafórɛ]
crevette (f)	karkalec (m)	[karkaléts]
huître (f)	midhje (f)	[míðjɛ]
langoustine (f)	karavidhe (f)	[karavíðɛ]
poulpe (m)	oktapod (m)	[oktapód]
calamar (m)	kallamarë (f)	[kaɫamárə]

esturgeon (m)	bli (m)	[blí]
saumon (m)	salmon (m)	[salmón]
flétan (m)	shojzë e Atlantikut Verior (f)	[ʃójzə ɛ atlantíkut vɛriór]

morue (f)	merluc (m)	[mɛrlúts]
maquereau (m)	skumbri (m)	[skúmbri]
thon (m)	tunë (f)	[túnə]
anguille (f)	ngjalë (f)	[ɲálə]

truite (f)	troftë (f)	[tróftə]
sardine (f)	sardele (f)	[sardélɛ]
brochet (m)	mlysh (m)	[mlýʃ]
hareng (m)	harengë (f)	[haréŋə]

pain (m)	bukë (f)	[búkə]
fromage (m)	djath (m)	[djáθ]
sucre (m)	sheqer (m)	[ʃɛcér]
sel (m)	kripë (f)	[krípə]

riz (m)	oriz (m)	[oríz]
pâtes (m pl)	makarona (f)	[makaróna]
nouilles (f pl)	makarona petë (f)	[makaróna pétə]

beurre (m)	gjalp (m)	[ɟalp]
huile (f) végétale	vaj vegjetal (m)	[vaj vɛɟɛtál]
huile (f) de tournesol	vaj luledielli (m)	[vaj lulɛdiéłi]
margarine (f)	margarinë (f)	[margaríne]

| olives (f pl) | ullinj (pl) | [ułíɲ] |
| huile (f) d'olive | vaj ulliri (m) | [vaj ułíri] |

lait (m)	qumësht (m)	[cúməʃt]
lait (m) condensé	qumësht i kondensuar (m)	[cúməʃt i kondɛnsúar]
yogourt (m)	kos (m)	[kos]
crème (f) aigre	salcë kosi (f)	[sáltsə kosi]
crème (f) (de lait)	krem qumështi (m)	[krɛm cúməʃti]

| sauce (f) mayonnaise | majonezë (f) | [majonézə] |
| crème (f) au beurre | krem gjalpi (m) | [krɛm ɟálpi] |

gruau (m)	drithëra (pl)	[dríθəra]
farine (f)	miell (m)	[míɛł]
conserves (f pl)	konserva (f)	[konsérva]

pétales (m pl) de maïs	kornfleiks (m)	[kornfléiks]
miel (m)	mjaltë (f)	[mjáltə]
confiture (f)	reçel (f)	[rɛtʃél]
gomme (f) à mâcher	çamçakëz (m)	[tʃamtʃakéz]

53. Les boissons

eau (f)	ujë (m)	[újə]
eau (f) potable	ujë i pijshëm (m)	[újə i píʃʃəm]
eau (f) minérale	ujë mineral (m)	[újə minɛrál]

plate (adj)	ujë natyral	[újə natyrál]
gazeuse (l'eau ~)	ujë i karbonuar	[újə i karbonúar]
pétillante (adj)	ujë i gazuar	[újə i gazúar]
glace (f)	akull (m)	[ákuł]
avec de la glace	me akull	[mɛ ákuł]

sans alcool	jo alkoolik	[jo alkoolík]
boisson (f) non alcoolisée	pije e lehtë (f)	[píjɛ ɛ léhtə]
rafraîchissement (m)	pije freskuese (f)	[píjɛ frɛskúɛsɛ]
limonade (f)	limonadë (f)	[limonádə]

boissons (f pl) alcoolisées	likere (pl)	[likérɛ]
vin (m)	verë (f)	[vérə]
vin (m) blanc	verë e bardhë (f)	[vérə ɛ bárðə]
vin (m) rouge	verë e kuqe (f)	[vérə ɛ kúcɛ]

| liqueur (f) | liker (m) | [likér] |
| champagne (m) | shampanjë (f) | [ʃampáɲə] |

vermouth (m)	vermut (m)	[vɛrmút]
whisky (m)	uiski (m)	[víski]
vodka (f)	vodkë (f)	[vódkə]
gin (m)	xhin (m)	[dʒin]
cognac (m)	konjak (m)	[koɲák]
rhum (m)	rum (m)	[rum]

café (m)	kafe (f)	[káfɛ]
café (m) noir	kafe e zezë (f)	[káfɛ ɛ zézə]
café (m) au lait	kafe me qumësht (m)	[káfɛ mɛ cúməʃt]
cappuccino (m)	kapuçino (m)	[kaputʃíno]
café (m) soluble	neskafe (f)	[nɛskáfɛ]

lait (m)	qumësht (m)	[cúməʃt]
cocktail (m)	koktej (m)	[koktéj]
cocktail (m) au lait	milkshake (f)	[milkʃákɛ]

jus (m)	lëng frutash (m)	[ləŋ frútaʃ]
jus (m) de tomate	lëng domatesh (m)	[ləŋ domátɛʃ]
jus (m) d'orange	lëng portokalli (m)	[ləŋ portokáɫi]
jus (m) pressé	lëng frutash i freskët (m)	[ləŋ frútaʃ i fréskət]

bière (f)	birrë (f)	[bírə]
bière (f) blonde	birrë e lehtë (f)	[bírə ɛ léhtə]
bière (f) brune	birrë e zezë (f)	[bírə ɛ zézə]

thé (m)	çaj (m)	[tʃáj]
thé (m) noir	çaj i zi (m)	[tʃáj i zí]
thé (m) vert	çaj jeshil (m)	[tʃáj jɛʃíl]

54. Les légumes

| légumes (m pl) | perime (pl) | [pɛrímɛ] |
| verdure (f) | zarzavate (pl) | [zarzavátɛ] |

tomate (f)	domate (f)	[domátɛ]
concombre (m)	kastravec (m)	[kastravéts]
carotte (f)	karotë (f)	[karótə]
pomme (f) de terre	patate (f)	[patátɛ]
oignon (m)	qepë (f)	[cépə]
ail (m)	hudhër (f)	[húðər]

chou (m)	lakër (f)	[lákər]
chou-fleur (m)	lulelakër (f)	[lulɛlákər]
chou (m) de Bruxelles	lakër Brukseli (f)	[lákər brukséli]
brocoli (m)	brokoli (m)	[brókoli]

betterave (f)	panxhar (m)	[pandʒár]
aubergine (f)	patëllxhan (m)	[patəɫdʒán]
courgette (f)	kungulleshë (m)	[kuɲuɫéʃə]

potiron (m)	kungull (m)	[kúŋuɫ]
navet (m)	rrepë (f)	[répə]

persil (m)	majdanoz (m)	[majdanóz]
fenouil (m)	kopër (f)	[kópər]
laitue (f) (salade)	sallatë jeshile (f)	[saɫátə jɛʃílɛ]
céleri (m)	selino (f)	[sɛlíno]
asperge (f)	asparagus (m)	[asparágus]
épinard (m)	spinaq (m)	[spinác]

pois (m)	bizele (f)	[bizélɛ]
fèves (f pl)	fasule (f)	[fasúlɛ]
maïs (m)	misër (m)	[mísər]
haricot (m)	groshë (f)	[gróʃə]

poivron (m)	spec (m)	[spɛts]
radis (m)	rrepkë (f)	[répkə]
artichaut (m)	angjinare (f)	[anɟinárɛ]

55. Les fruits. Les noix

fruit (m)	frut (m)	[frut]
pomme (f)	mollë (f)	[móɫə]
poire (f)	dardhë (f)	[dárðə]
citron (m)	limon (m)	[limón]
orange (f)	portokall (m)	[portokáɫ]
fraise (f)	luleshtrydhe (f)	[lulɛʃtrýðɛ]

mandarine (f)	mandarinë (f)	[mandarínə]
prune (f)	kumbull (f)	[kúmbuɫ]
pêche (f)	pjeshkë (f)	[pjéʃkə]
abricot (m)	kajsi (f)	[kajsí]
framboise (f)	mjedër (f)	[mjédər]
ananas (m)	ananas (m)	[ananás]

banane (f)	banane (f)	[banánɛ]
pastèque (f)	shalqi (m)	[ʃalcí]
raisin (m)	rrush (m)	[ruʃ]
cerise (f)	qershi vishnje (f)	[cɛrʃí víʃɲɛ]
merise (f)	qershi (f)	[cɛrʃí]
melon (m)	pjepër (m)	[pjépər]

pamplemousse (m)	grejpfrut (m)	[grɛjpfrút]
avocat (m)	avokado (f)	[avokádo]
papaye (f)	papaja (f)	[papája]
mangue (f)	mango (f)	[máŋo]
grenade (f)	shegë (f)	[ʃégə]

groseille (f) rouge	kaliboba e kuqe (f)	[kalibóba ɛ kúcɛ]
cassis (m)	kaliboba e zezë (f)	[kalibóba ɛ zézə]

groseille (f) verte	kulumbri (f)	[kulumbrí]
myrtille (f)	boronicë (f)	[boronítsə]
mûre (f)	manaferra (f)	[manaféra]

raisin (m) sec	rrush i thatë (m)	[ruʃ i θátə]
figue (f)	fik (m)	[fik]
datte (f)	hurmë (f)	[húrmə]

cacahuète (f)	kikirik (m)	[kikirík]
amande (f)	bajame (f)	[bajámɛ]
noix (f)	arrë (f)	[árə]
noisette (f)	lajthi (f)	[lajθí]
noix (f) de coco	arrë kokosi (f)	[árə kokósi]
pistaches (f pl)	fëstëk (m)	[fəsték]

56. Le pain. Les confiseries

confiserie (f)	ëmbëlsira (pl)	[əmbəlsíra]
pain (m)	bukë (f)	[búkə]
biscuit (m)	biskota (pl)	[biskóta]

chocolat (m)	çokollatë (f)	[tʃokołátə]
en chocolat (adj)	prej çokollate	[prɛj tʃokołátɛ]
bonbon (m)	karamele (f)	[karamélɛ]
gâteau (m), pâtisserie (f)	kek (m)	[kék]
tarte (f)	tortë (f)	[tórtə]

gâteau (m)	tortë (f)	[tórtə]
garniture (f)	mbushje (f)	[mbúʃjɛ]

confiture (f)	reçel (m)	[rɛtʃél]
marmelade (f)	marmelatë (f)	[marmɛlátə]
gaufre (f)	vafera (pl)	[vaféra]
glace (f)	akullore (f)	[akułórɛ]
pudding (m)	puding (m)	[pudíŋ]

57. Les épices

sel (m)	kripë (f)	[krípə]
salé (adj)	i kripur	[i krípur]
saler (vt)	hedh kripë	[hɛð krípə]

poivre (m) noir	piper i zi (m)	[pipér i zi]
poivre (m) rouge	piper i kuq (m)	[pipér i kuc]
moutarde (f)	mustardë (f)	[mustárdə]
raifort (m)	rrepë djegëse (f)	[répə djégəsɛ]
condiment (m)	salcë (f)	[sáltsə]
épice (f)	erëz (f)	[érəz]

| sauce (f) | salcë (f) | [sáltsə] |
| vinaigre (m) | uthull (f) | [úθuɫ] |

anis (m)	anisetë (f)	[anisétə]
basilic (m)	borzilok (m)	[borzilók]
clou (m) de girofle	karafil (m)	[karafíl]
gingembre (m)	xhenxhefil (m)	[dʒɛndʒɛfíl]
coriandre (m)	koriandër (m)	[koriándər]
cannelle (f)	kanellë (f)	[kanéɫə]

sésame (m)	susam (m)	[susám]
feuille (f) de laurier	gjeth dafine (m)	[ɟɛθ dafínɛ]
paprika (m)	spec (m)	[spɛts]
cumin (m)	kumin (m)	[kumín]
safran (m)	shafran (m)	[ʃafrán]

T&P BOOKS

LES DONNÉES PERSONNELLES. LA FAMILLE

T&P Books Publishing

58. Les données personnelles. Les formulaires

prénom (m)	emër (m)	[émər]
nom (m) de famille	mbiemër (m)	[mbiémər]
date (f) de naissance	datëlindje (f)	[datəlíndjɛ]
lieu (m) de naissance	vendlindje (f)	[vɛndlíndjɛ]
nationalité (f)	kombësi (f)	[kombəsí]
domicile (m)	vendbanim (m)	[vɛndbaním]
pays (m)	shtet (m)	[ʃtɛt]
profession (f)	profesion (m)	[profɛsión]
sexe (m)	gjinia (f)	[ɟinía]
taille (f)	gjatësia (f)	[ɟatəsía]
poids (m)	peshë (f)	[péʃə]

59. La famille. Les liens de parenté

mère (f)	nënë (f)	[nénə]
père (m)	baba (f)	[babá]
fils (m)	bir (m)	[bir]
fille (f)	bijë (f)	[bíjə]
fille (f) cadette	vajza e vogël (f)	[vájza ɛ vógəl]
fils (m) cadet	djali i vogël (m)	[djáli i vógəl]
fille (f) aînée	vajza e madhe (f)	[vájza ɛ máðɛ]
fils (m) aîné	djali i vogël (m)	[djáli i vógəl]
frère (m)	vëlla (m)	[vəɫá]
frère (m) aîné	vëllai i madh (m)	[vəɫái i mað]
frère (m) cadet	vëllai i vogël (m)	[vəɫai i vógəl]
sœur (f)	motër (f)	[mótər]
sœur (f) aînée	motra e madhe (f)	[mótra ɛ máðɛ]
sœur (f) cadette	motra e vogël (f)	[mótra ɛ vógəl]
cousin (m)	kushëri (m)	[kuʃərí]
cousine (f)	kushërirë (f)	[kuʃərírə]
maman (f)	mami (f)	[mámi]
papa (m)	babi (m)	[bábi]
parents (m pl)	prindër (pl)	[príndər]
enfant (m, f)	fëmijë (f)	[fəmíjə]
enfants (pl)	fëmijë (pl)	[fəmíjə]
grand-mère (f)	gjyshe (f)	[ɟýʃɛ]

grand-père (m)	gjysh (m)	[ɟyʃ]
petit-fils (m)	nip (m)	[nip]
petite-fille (f)	mbesë (f)	[mbésə]
petits-enfants (pl)	nipër e mbesa (pl)	[nípər ɛ mbésa]

oncle (m)	dajë (f)	[dájə]
tante (f)	teze (f)	[tézɛ]
neveu (m)	nip (m)	[nip]
nièce (f)	mbesë (f)	[mbésə]

belle-mère (f)	vjehrrë (f)	[vjéhrə]
beau-père (m)	vjehrri (m)	[vjéhri]
gendre (m)	dhëndër (m)	[ðéndər]
belle-mère (f)	njerkë (f)	[ɲérkə]
beau-père (m)	njerk (m)	[ɲérk]

nourrisson (m)	foshnjë (f)	[fóʃnə]
bébé (m)	fëmijë (f)	[fəmíjə]
petit (m)	djalosh (m)	[djalóʃ]

femme (f)	bashkëshorte (f)	[baʃkəʃórtɛ]
mari (m)	bashkëshort (m)	[baʃkəʃórt]
époux (m)	bashkëshort (m)	[baʃkəʃórt]
épouse (f)	bashkëshorte (f)	[baʃkəʃórtɛ]

marié (adj)	i martuar	[i martúar]
mariée (adj)	e martuar	[ɛ martúar]
célibataire (adj)	beqar	[bɛcár]
célibataire (m)	beqar (m)	[bɛcár]
divorcé (adj)	i divorcuar	[i divortsúar]
veuve (f)	vejushë (f)	[vɛjúʃə]
veuf (m)	vejan (m)	[vɛján]

parent (m)	kushëri (m)	[kuʃərí]
parent (m) proche	kushëri i afërt (m)	[kuʃərí i áfərt]
parent (m) éloigné	kushëri i largët (m)	[kuʃərí i lárgət]
parents (m pl)	kushërinj (pl)	[kuʃərín]

orphelin (m)	jetim (m)	[jɛtím]
orpheline (f)	jetime (f)	[jɛtímɛ]
tuteur (m)	kujdestar (m)	[kujdɛstár]
adopter (un garçon)	adoptoj	[adoptój]
adopter (une fille)	adoptoj	[adoptój]

60. Les amis. Les collègues

ami (m)	mik (m)	[mik]
amie (f)	mike (f)	[míkɛ]
amitié (f)	miqësi (f)	[micəsí]
être ami	të miqësohem	[tə micəsóhɛm]

copain (m)	shok (m)	[ʃok]
copine (f)	shoqe (f)	[ʃóce]
partenaire (m)	partner (m)	[partnér]
chef (m)	shef (m)	[ʃɛf]
supérieur (m)	epror (m)	[ɛprór]
propriétaire (m)	pronar (m)	[pronár]
subordonné (m)	vartës (m)	[vártəs]
collègue (m, f)	koleg (m)	[kolég]
connaissance (f)	i njohur (m)	[i ɲóhur]
compagnon (m) de route	bashkudhëtar (m)	[baʃkuðətár]
copain (m) de classe	shok klase (m)	[ʃok klásɛ]
voisin (m)	komshi (m)	[komʃí]
voisine (f)	komshike (f)	[komʃíkɛ]
voisins (m pl)	komshinj (pl)	[komʃíɲ]

LE CORPS HUMAIN.
LES MÉDICAMENTS

T&P Books Publishing

tête (f)	**kokë** (f)	[kókə]
visage (m)	**fytyrë** (f)	[fytýrə]
nez (m)	**hundë** (f)	[húndə]
bouche (f)	**gojë** (f)	[gójə]
œil (m)	**sy** (m)	[sy]
les yeux	**sytë**	[sýtə]
pupille (f)	**bebëz** (f)	[bébəz]
sourcil (m)	**vetull** (f)	[vétuɫ]
cil (m)	**qerpik** (m)	[cɛrpík]
paupière (f)	**qepallë** (f)	[cɛpáɫə]
langue (f)	**gjuhë** (f)	[ɟúhə]
dent (f)	**dhëmb** (m)	[ðəmb]
lèvres (f pl)	**buzë** (f)	[búzə]
pommettes (f pl)	**mollëza** (f)	[móɫəza]
gencive (f)	**mishrat e dhëmbëve**	[míʃrat ɛ ðəmbəvɛ]
palais (m)	**qiellzë** (f)	[ciétzə]
narines (f pl)	**vrimat e hundës** (pl)	[vrímat ɛ húndəs]
menton (m)	**mjekër** (f)	[mjékər]
mâchoire (f)	**nofull** (f)	[nófuɫ]
joue (f)	**faqe** (f)	[fácɛ]
front (m)	**ball** (m)	[báɫ]
tempe (f)	**tëmth** (m)	[təmθ]
oreille (f)	**vesh** (m)	[vɛʃ]
nuque (f)	**zverk** (m)	[zvɛrk]
cou (m)	**qafë** (f)	[cáfə]
gorge (f)	**fyt** (m)	[fyt]
cheveux (m pl)	**flokë** (pl)	[flókə]
coiffure (f)	**model flokësh** (m)	[modél flókəʃ]
coupe (f)	**prerje flokësh** (f)	[prérjɛ flókəʃ]
perruque (f)	**paruke** (f)	[parúkɛ]
moustache (f)	**mustaqe** (f)	[mustácɛ]
barbe (f)	**mjekër** (f)	[mjékər]
porter (~ la barbe)	**lë mjekër**	[lə mjékər]
tresse (f)	**gërshet** (m)	[gərʃét]
favoris (m pl)	**baseta** (f)	[baséta]
roux (adj)	**flokëkuqe**	[flokəkúcɛ]
gris, grisonnant (adj)	**thinja**	[θíɲa]

| chauve (adj) | qeros | [cɛrós] |
| calvitie (f) | tullë (f) | [túłə] |

| queue (f) de cheval | bishtalec (m) | [biʃtaléts] |
| frange (f) | balluke (f) | [bałúkɛ] |

62. Le corps humain

| main (f) | dorë (f) | [dórə] |
| bras (m) | krah (m) | [krah] |

doigt (m)	gisht i dorës (m)	[gíʃt i dórəs]
orteil (m)	gisht i këmbës (m)	[gíʃt i kémbəs]
pouce (m)	gishti i madh (m)	[gíʃti i máð]
petit doigt (m)	gishti i vogël (m)	[gíʃti i vógəl]
ongle (m)	thua (f)	[θúa]

poing (m)	grusht (m)	[grúʃt]
paume (f)	pëllëmbë dore (f)	[pəłémbə dórɛ]
poignet (m)	kyç (m)	[kytʃ]
avant-bras (m)	parakrah (m)	[parakráh]
coude (m)	bërryl (m)	[bərýl]
épaule (f)	shpatull (f)	[ʃpátuł]

jambe (f)	këmbë (f)	[kémbə]
pied (m)	shputë (f)	[ʃpútə]
genou (m)	gju (m)	[ɟú]
mollet (m)	pulpë (f)	[púlpə]

| hanche (f) | ijë (f) | [íjə] |
| talon (m) | thembër (f) | [θémbər] |

corps (m)	trup (m)	[trup]
ventre (m)	stomak (m)	[stomák]
poitrine (f)	kraharor (m)	[kraharór]
sein (m)	gjoks (m)	[ɟóks]
côté (m)	krah (m)	[krah]
dos (m)	kurriz (m)	[kuríz]

| reins (région lombaire) | fundshpina (f) | [fundʃpína] |
| taille (f) (~ de guêpe) | beli (m) | [béli] |

nombril (m)	kërthizë (f)	[kərθízə]
fesses (f pl)	vithe (f)	[víθɛ]
derrière (m)	prapanica (f)	[prapanítsa]

grain (m) de beauté	nishan (m)	[niʃán]
tache (f) de vin	shenjë lindjeje (f)	[ʃéɲə líndjɛjɛ]
tatouage (m)	tatuazh (m)	[tatuáʒ]
cicatrice (f)	shenjë (f)	[ʃéɲə]

63. Les maladies

maladie (f)	sëmundje (f)	[səmúndjɛ]
être malade	jam sëmurë	[jam səmúrə]
santé (f)	shëndet (m)	[ʃəndét]
rhume (m) (coryza)	rrifë (f)	[rífə]
angine (f)	grykët (m)	[grýkət]
refroidissement (m)	ftohje (f)	[ftóhjɛ]
prendre froid	ftohem	[ftóhɛm]
bronchite (f)	bronkit (m)	[bronkít]
pneumonie (f)	pneumoni (f)	[pnɛumoní]
grippe (f)	grip (m)	[grip]
myope (adj)	miop	[mióp]
presbyte (adj)	presbit	[prɛsbít]
strabisme (m)	strabizëm (m)	[strabízəm]
strabique (adj)	strabik	[strabík]
cataracte (f)	katarakt (m)	[katarákt]
glaucome (m)	glaukoma (f)	[glaukóma]
insulte (f)	goditje (f)	[godítjɛ]
crise (f) cardiaque	sulm në zemër (m)	[sulm nə zémər]
infarctus (m) de myocarde	infarkt miokardiak (m)	[infárkt miokardiák]
paralysie (f)	paralizë (f)	[paralízə]
paralyser (vt)	paralizoj	[paralizój]
allergie (f)	alergji (f)	[alɛrɟí]
asthme (m)	astmë (f)	[ástmə]
diabète (m)	diabet (m)	[diabét]
mal (m) de dents	dhimbje dhëmbi (f)	[ðímbjɛ ðémbi]
carie (f)	karies (m)	[kariés]
diarrhée (f)	diarre (f)	[diaré]
constipation (f)	kapsllëk (m)	[kapsɫók]
estomac (m) barbouillé	dispepsi (f)	[dispɛpsí]
intoxication (f) alimentaire	helmim (m)	[hɛlmím]
être intoxiqué	helmohem nga ushqimi	[hɛlmóhɛm ŋa uʃcími]
arthrite (f)	artrit (m)	[artrít]
rachitisme (m)	rakit (m)	[rakít]
rhumatisme (m)	reumatizëm (m)	[rɛumatízəm]
athérosclérose (f)	arteriosklerozë (f)	[artɛriosklɛrózə]
gastrite (f)	gastrit (m)	[gastrít]
appendicite (f)	apendicit (m)	[apɛnditsít]
cholécystite (f)	kolecistit (m)	[kolɛtsistít]
ulcère (m)	ulcërë (f)	[ultsérə]
rougeole (f)	fruth (m)	[fruθ]

rubéole (f)	**rubeola** (f)	[rubɛóla]
jaunisse (f)	**verdhëza** (f)	[vérðəza]
hépatite (f)	**hepatit** (m)	[hɛpatít]

schizophrénie (f)	**skizofreni** (f)	[skizofrɛní]
rage (f) (hydrophobie)	**sëmundje e tërbimit** (f)	[səmúndjɛ ɛ tərbímit]
névrose (f)	**neurozë** (f)	[nɛurózə]
commotion (f) cérébrale	**tronditje** (f)	[trondítjɛ]

cancer (m)	**kancer** (m)	[kantsér]
sclérose (f)	**sklerozë** (f)	[sklɛrózə]
sclérose (f) en plaques	**sklerozë e shumëfishtë** (f)	[sklɛrózə ɛ ʃuməfíʃtə]

alcoolisme (m)	**alkoolizëm** (m)	[alkoolízəm]
alcoolique (m)	**alkoolik** (m)	[alkoolík]
syphilis (f)	**sifiliz** (m)	[sifilíz]
SIDA (m)	**SIDA** (f)	[sída]

tumeur (f)	**tumor** (m)	[tumór]
maligne (adj)	**malinj**	[malíɲ]
bénigne (adj)	**beninj**	[bɛníɲ]

fièvre (f)	**ethe** (f)	[éθɛ]
malaria (f)	**malarie** (f)	[malaríɛ]
gangrène (f)	**gangrenë** (f)	[gaɲrénə]
mal (m) de mer	**sëmundje deti** (f)	[səmúndjɛ déti]
épilepsie (f)	**epilepsi** (f)	[ɛpilɛpsí]

épidémie (f)	**epidemi** (f)	[ɛpidɛmí]
typhus (m)	**tifo** (f)	[tífo]
tuberculose (f)	**tuberkuloz** (f)	[tubɛrkulóz]
choléra (m)	**kolerë** (f)	[kolérə]
peste (f)	**murtaja** (f)	[muɾtája]

64. Les symptômes. Le traitement. Partie 1

symptôme (m)	**simptomë** (f)	[simptómə]
température (f)	**temperaturë** (f)	[tɛmpɛratúrə]
fièvre (f)	**temperaturë e lartë** (f)	[tɛmpɛratúrə ɛ lártə]
pouls (m)	**puls** (m)	[puls]

vertige (m)	**marrje mendsh** (m)	[márjɛ méndʃ]
chaud (adj)	**i nxehtë**	[i ndzéhtə]
frisson (m)	**drithërima** (f)	[driθəríma]
pâle (adj)	**i zbehur**	[i zbéhur]

toux (f)	**kollë** (f)	[kóɬə]
tousser (vi)	**kollitem**	[koɬítɛm]
éternuer (vi)	**teshtij**	[tɛʃtíj]
évanouissement (m)	**të fikët** (f)	[tə fíkət]

s'évanouir (vp)	bie të fikët	[bíɛ tə fíkət]
bleu (m)	mavijosje (f)	[mavijósjɛ]
bosse (f)	gungë (f)	[gúŋə]
se heurter (vp)	godas	[godás]
meurtrissure (f)	lëndim (m)	[ləndím]
se faire mal	lëndohem	[ləndóhɛm]

boiter (vi)	çaloj	[tʃalój]
foulure (f)	dislokim (m)	[dislokím]
se démettre (l'épaule, etc.)	del nga vendi	[dɛl ŋa véndi]
fracture (f)	thyerje (f)	[θýɛrjɛ]
avoir une fracture	thyej	[θýɛj]

coupure (f)	e prerë (f)	[ɛ prérə]
se couper (~ le doigt)	pres veten	[prɛs vétɛn]
hémorragie (f)	rrjedhje gjaku (f)	[rjéðjɛ ɟáku]

| brûlure (f) | djegie (f) | [djégiɛ] |
| se brûler (vp) | digjem | [díɟɛm] |

se piquer (le doigt)	shpoj	[ʃpoj]
se piquer (vp)	shpohem	[ʃpóhɛm]
blesser (vt)	dëmtoj	[dəmtój]
blessure (f)	dëmtim (m)	[dəmtím]
plaie (f) (blessure)	plagë (f)	[plágə]
trauma (m)	traumë (f)	[traúmə]

délirer (vi)	fol përçart	[fól pərtʃárt]
bégayer (vi)	belbëzoj	[bɛlbəzój]
insolation (f)	pikë e diellit (f)	[píkə ɛ diéɬit]

65. Les symptômes. Le traitement. Partie 2

| douleur (f) | dhimbje (f) | [ðímbjɛ] |
| écharde (f) | cifël (f) | [tsífəl] |

sueur (f)	djersë (f)	[djérsə]
suer (vi)	djersij	[djɛrsíj]
vomissement (m)	të vjella (f)	[tə vjéta]
spasmes (m pl)	konvulsione (f)	[konvulsiónɛ]

enceinte (adj)	shtatzënë	[ʃtatzénə]
naître (vi)	lind	[lind]
accouchement (m)	lindje (f)	[líndjɛ]
accoucher (vi)	sjell në jetë	[sjɛɬ nə jétə]
avortement (m)	abort (m)	[abórt]

respiration (f)	frymëmarrje (f)	[fryməmárjɛ]
inhalation (f)	mbajtje e frymës (f)	[mbájtjɛ ɛ frýməs]
expiration (f)	lëshim i frymës (m)	[ləʃím i frýməs]

expirer (vi)	nxjerr frymën	[ndzjér frýmən]
inspirer (vi)	marr frymë	[mar frýmə]
invalide (m)	invalid (m)	[invalíd]
handicapé (m)	i gjymtuar (m)	[i ɉymtúar]
drogué (m)	narkoman (m)	[narkomán]
sourd (adj)	shurdh	[ʃurð]
muet (adj)	memec	[mɛméts]
sourd-muet (adj)	shurdh-memec	[ʃurð-mɛméts]
fou (adj)	i marrë	[i márə]
fou (m)	i çmendur (m)	[i tʃméndur]
folle (f)	e çmendur (f)	[ɛ tʃméndur]
devenir fou	çmendem	[tʃméndɛm]
gène (m)	gen (m)	[gɛn]
immunité (f)	imunitet (m)	[imunitét]
héréditaire (adj)	e trashëguar	[ɛ traʃəgúar]
congénital (adj)	e lindur	[ɛ líndur]
virus (m)	virus (m)	[virús]
microbe (m)	mikrob (m)	[mikrób]
bactérie (f)	bakterie (f)	[baktériɛ]
infection (f)	infeksion (m)	[infɛksión]

66. Les symptômes. Le traitement. Partie 3

hôpital (m)	spital (m)	[spitál]
patient (m)	pacient (m)	[patsiént]
diagnostic (m)	diagnozë (f)	[diagnózə]
cure (f) (faire une ~)	kurë (f)	[kúrə]
traitement (m)	trajtim mjekësor (m)	[trajtím mjɛkəsór]
se faire soigner	kurohem	[kuróhɛm]
traiter (un patient)	kuroj	[kurój]
soigner (un malade)	kujdesem	[kujdésɛm]
soins (m pl)	kujdes (m)	[kujdés]
opération (f)	operacion (m)	[opɛratsión]
panser (vt)	fashoj	[faʃój]
pansement (m)	fashim (m)	[faʃím]
vaccination (f)	vaksinim (m)	[vaksiním]
vacciner (vt)	vaksinoj	[vaksinój]
piqûre (f)	injeksion (m)	[iɲɛksión]
faire une piqûre	bëj injeksion	[bəj iɲɛksíon]
crise, attaque (f)	atak (m)	[aták]
amputation (f)	amputim (m)	[amputím]

amputer (vt)	amputoj	[amputój]
coma (m)	komë (f)	[kómə]
être dans le coma	jam në komë	[jam nə kómə]
réanimation (f)	kujdes intensiv (m)	[kujdés intɛnsív]

se rétablir (vp)	shërohem	[ʃəróhɛm]
état (m) (de santé)	gjendje (f)	[ɟéndjɛ]
conscience (f)	vetëdije (f)	[vɛtədíjɛ]
mémoire (f)	kujtesë (f)	[kujtésə]

arracher (une dent)	heq	[hɛc]
plombage (m)	mbushje (f)	[mbúʃʃɛ]
plomber (vt)	mbush	[mbúʃ]

| hypnose (f) | hipnozë (f) | [hipnózə] |
| hypnotiser (vt) | hipnotizim | [hipnotizím] |

67. Les médicaments. Les accessoires

médicament (m)	ilaç (m)	[ilátʃ]
remède (m)	mjekim (m)	[mjɛkím]
prescrire (vt)	shkruaj recetë	[ʃkrúaj rɛtsétə]
ordonnance (f)	recetë (f)	[rɛtsétə]

comprimé (m)	pilulë (f)	[pilúlə]
onguent (m)	krem (m)	[krɛm]
ampoule (f)	ampulë (f)	[ampúlə]
mixture (f)	përzierje (f)	[pərzíɛrjɛ]
sirop (m)	shurup (m)	[ʃurúp]
pilule (f)	pilulë (f)	[pilúlə]
poudre (f)	pudër (f)	[púdər]

bande (f)	fashë garze (f)	[faʃə gárzɛ]
coton (m) (ouate)	pambuk (m)	[pambúk]
iode (m)	jod (m)	[jod]

| sparadrap (m) | leukoplast (m) | [lɛukoplást] |
| compte-gouttes (m) | pikatore (f) | [pikatórɛ] |

| thermomètre (m) | termometër (m) | [tɛrmométər] |
| seringue (f) | shiringë (f) | [ʃiríŋə] |

| fauteuil (m) roulant | karrocë me rrota (f) | [karótsə mɛ róta] |
| béquilles (f pl) | paterica (f) | [patɛrítsa] |

anesthésique (m)	qetësues (m)	[cɛtəsúɛs]
purgatif (m)	laksativ (m)	[laksatív]
alcool (m)	alkool dezinfektues (m)	[alkoól dɛzinfɛktúɛs]
herbe (f) médicinale	bimë mjekësore (f)	[bímə mjɛkəsórɛ]
d'herbes (adj)	çaj bimor	[tʃáj bimór]

L'APPARTEMENT

T&P Books Publishing

68. L'appartement

appartement (m)	**apartament** (m)	[apartamént]
chambre (f)	**dhomë** (f)	[ðómə]
chambre (f) à coucher	**dhomë gjumi** (f)	[ðómə ɟúmi]
salle (f) à manger	**dhomë ngrënie** (f)	[ðómə ŋrəníɛ]
salon (m)	**dhomë ndeje** (f)	[ðómə ndéjɛ]
bureau (m)	**dhomë pune** (f)	[ðómə púnɛ]
antichambre (f)	**hyrje** (f)	[hýrjɛ]
salle (f) de bains	**banjo** (f)	[báɲo]
toilettes (f pl)	**tualet** (m)	[tualét]
plafond (m)	**tavan** (m)	[taván]
plancher (m)	**dysheme** (f)	[dyʃɛmé]
coin (m)	**qoshe** (f)	[cóʃɛ]

69. Les meubles. L'intérieur

meubles (m pl)	**orendi** (f)	[orɛndí]
table (f)	**tryezë** (f)	[tryézə]
chaise (f)	**karrige** (f)	[karígɛ]
lit (m)	**shtrat** (m)	[ʃtrat]
canapé (m)	**divan** (m)	[diván]
fauteuil (m)	**kolltuk** (m)	[koɫtúk]
bibliothèque (f) (meuble)	**raft librash** (m)	[ráft líbraʃ]
rayon (m)	**sergjen** (m)	[sɛrɟén]
armoire (f)	**gardërobë** (f)	[gardəróbə]
patère (f)	**varëse** (f)	[várəsɛ]
portemanteau (m)	**varëse xhaketash** (f)	[várəsɛ dʒakétaʃ]
commode (f)	**komodë** (f)	[komódə]
table (f) basse	**tryezë e ulët** (f)	[tryézə ɛ úlət]
miroir (m)	**pasqyrë** (f)	[pascýrə]
tapis (m)	**qilim** (m)	[cilím]
petit tapis (m)	**tapet** (m)	[tapét]
cheminée (f)	**oxhak** (m)	[odʒák]
bougie (f)	**qiri** (m)	[círi]
chandelier (m)	**shandan** (m)	[ʃandán]
rideaux (m pl)	**perde** (f)	[pérdɛ]

| papier (m) peint | tapiceri (f) | [tapitsɛrí] |
| jalousie (f) | grila (f) | [gríla] |

lampe (f) de table	llambë tavoline (f)	[ɫámbə tavolínɛ]
applique (f)	llambadar muri (m)	[ɫambadár múri]
lampadaire (m)	llambadar (m)	[ɫambadár]
lustre (m)	llambadar (m)	[ɫambadár]

pied (m) (~ de la table)	këmbë (f)	[kə́mbə]
accoudoir (m)	mbështetëse krahu (f)	[mbəʃtétəsɛ kráhu]
dossier (m)	mbështetëse (f)	[mbəʃtétəsɛ]
tiroir (m)	sirtar (m)	[sirtár]

70. La literie

linge (m) de lit	çarçafë (pl)	[tʃartʃáfə]
oreiller (m)	jastëk (m)	[jasték]
taie (f) d'oreiller	këllëf jastëku (m)	[kəɫə́f jastéku]
couverture (f)	jorgan (m)	[jorgán]
drap (m)	çarçaf (m)	[tʃartʃáf]
couvre-lit (m)	mbulesë (f)	[mbulésə]

71. La cuisine

cuisine (f)	kuzhinë (f)	[kuʒínə]
gaz (m)	gaz (m)	[gaz]
cuisinière (f) à gaz	sobë me gaz (f)	[sóbə mɛ gaz]
cuisinière (f) électrique	sobë elektrike (f)	[sóbə ɛlɛktríkɛ]
four (m)	furrë (f)	[fúrə]
four (m) micro-ondes	mikrovalë (f)	[mikroválə]

réfrigérateur (m)	frigorifer (m)	[frigorifér]
congélateur (m)	frigorifer (m)	[frigorifér]
lave-vaisselle (m)	pjatalarëse (f)	[pjatalárəsɛ]

hachoir (m) à viande	grirëse mishi (f)	[grírəsɛ míʃi]
centrifugeuse (f)	shtrydhëse frutash (f)	[ʃtrýðəsɛ frútaʃ]
grille-pain (m)	toster (m)	[tostér]
batteur (m)	mikser (m)	[miksér]

machine (f) à café	makinë kafeje (f)	[makínə kaféjɛ]
cafetière (f)	kafetierë (f)	[kafɛtiérə]
moulin (m) à café	mulli kafeje (f)	[muɫí káfɛjɛ]

bouilloire (f)	çajnik (m)	[tʃajník]
théière (f)	çajnik (m)	[tʃajník]
couvercle (m)	kapak (m)	[kapák]
passoire (f) à thé	sitë çaji (f)	[sítə tʃáji]

cuillère (f)	lugë (f)	[lúgə]
petite cuillère (f)	lugë çaji (f)	[lúgə tʃáji]
cuillère (f) à soupe	lugë gjelle (f)	[lúgə ɟétɛ]
fourchette (f)	pirun (m)	[pirún]
couteau (m)	thikë (f)	[θíkə]

vaisselle (f)	enë kuzhine (f)	[énə kuʒínɛ]
assiette (f)	pjatë (f)	[pjátə]
soucoupe (f)	pjatë filxhani (f)	[pjátə fildʒáni]

verre (m) à shot	potir (m)	[potír]
verre (m) (~ d'eau)	gotë (f)	[gótə]
tasse (f)	filxhan (m)	[fildʒán]

sucrier (m)	tas për sheqer (m)	[tas pər ʃɛcér]
salière (f)	kripore (f)	[kripórɛ]
poivrière (f)	enë piperi (f)	[énə pipéri]
beurrier (m)	pjatë gjalpi (f)	[pjátə ɟálpi]

casserole (f)	tenxhere (f)	[tɛndʒérɛ]
poêle (f)	tigan (m)	[tigán]
louche (f)	garuzhdë (f)	[garúʒdə]
passoire (f)	kullesë (f)	[kuɬésə]
plateau (m)	tabaka (f)	[tabaká]

bouteille (f)	shishe (f)	[ʃíʃɛ]
bocal (m) (à conserves)	kavanoz (m)	[kavanóz]
boîte (f) en fer-blanc	kanoçe (f)	[kanótʃɛ]

ouvre-bouteille (m)	hapëse shishesh (f)	[hapəsé ʃíʃɛʃ]
ouvre-boîte (m)	hapëse kanoçesh (f)	[hapəsé kanótʃɛʃ]
tire-bouchon (m)	turjelë tapash (f)	[turjélə tápaʃ]
filtre (m)	filtër (m)	[fíltər]
filtrer (vt)	filtroj	[filtrój]

| ordures (f pl) | pleh (m) | [plɛh] |
| poubelle (f) | kosh plehrash (m) | [koʃ pléhraʃ] |

72. La salle de bains

salle (f) de bains	banjo (f)	[báɲo]
eau (f)	ujë (m)	[újə]
robinet (m)	rubinet (m)	[rubinét]
eau (f) chaude	ujë i nxehtë (f)	[újə i ndzéhtə]
eau (f) froide	ujë i ftohtë (f)	[újə i ftóhtə]

dentifrice (m)	pastë dhëmbësh (f)	[pástə ðémbəʃ]
se brosser les dents	laj dhëmbët	[laj ðémbət]
brosse (f) à dents	furçë dhëmbësh (f)	[fúrtʃə ðémbəʃ]
se raser (vp)	rruhem	[rúhɛm]

| mousse (f) à raser | shkumë rroje (f) | [ʃkumə rójɛ] |
| rasoir (m) | brisk (m) | [brísk] |

laver (vt)	laj duart	[laj dúart]
se laver (vp)	lahem	[láhɛm]
douche (f)	dush (m)	[duʃ]
prendre une douche	bëj dush	[bəj dúʃ]

baignoire (f)	vaskë (f)	[váskə]
cuvette (f)	tualet (m)	[tualét]
lavabo (m)	lavaman (m)	[lavamán]

| savon (m) | sapun (m) | [sapún] |
| porte-savon (m) | pjatë sapuni (f) | [pjátə sapúni] |

éponge (f)	sfungjer (m)	[sfunɟér]
shampooing (m)	shampo (f)	[ʃampó]
serviette (f)	peshqir (m)	[pɛʃcír]
peignoir (m) de bain	peshqir trupi (m)	[pɛʃcír trúpi]

lessive (f) (faire la ~)	larje (f)	[lárjɛ]
machine (f) à laver	makinë larëse (f)	[makínə lárəsɛ]
faire la lessive	laj rroba	[laj róba]
lessive (f) (poudre)	detergjent (m)	[dɛtɛrɟént]

73. Les appareils électroménagers

téléviseur (m)	televizor (m)	[tɛlɛvizór]
magnétophone (m)	inçizues me shirit (m)	[intʃizúɛs mɛ ʃirít]
magnétoscope (m)	video regjistrues (m)	[vídɛo rɛɟistrúɛs]
radio (f)	radio (f)	[rádio]
lecteur (m)	kasetofon (m)	[kasɛtofón]

vidéoprojecteur (m)	projektor (m)	[projɛktór]
home cinéma (m)	kinema shtëpie (f)	[kinɛmá ʃtəpíɛ]
lecteur DVD (m)	DVD player (m)	[dividí plɛjər]
amplificateur (m)	amplifikator (m)	[amplifikatór]
console (f) de jeux	konsol video loje (m)	[konsól vídɛo lójɛ]

caméscope (m)	videokamerë (f)	[vidɛokamérə]
appareil (m) photo	aparat fotografik (m)	[aparát fotografík]
appareil (m) photo numérique	kamerë digjitale (f)	[kamérə diɟitálɛ]

aspirateur (m)	fshesë elektrike (f)	[fʃésə ɛlɛktríkɛ]
fer (m) à repasser	hekur (m)	[hékur]
planche (f) à repasser	tryezë për hekurosje (f)	[tryézə pər hɛkurósjɛ]

| téléphone (m) | telefon (m) | [tɛlɛfón] |
| portable (m) | celular (m) | [tsɛlulár] |

machine (f) à écrire	**makinë shkrimi** (f)	[makínǝ ʃkrími]
machine (f) à coudre	**makinë qepëse** (f)	[makínǝ cépǝsɛ]
micro (m)	**mikrofon** (m)	[mikrofón]
écouteurs (m pl)	**kufje** (f)	[kúfjɛ]
télécommande (f)	**telekomandë** (f)	[tɛlɛkomándǝ]
CD (m)	**CD** (f)	[tsɛdé]
cassette (f)	**kasetë** (f)	[kasétǝ]
disque (m) (vinyle)	**pllakë gramafoni** (f)	[pɫákǝ gramafóni]

T&P BOOKS

LA TERRE. LE TEMPS

T&P Books Publishing

74. L'espace cosmique

cosmos (m)	**hapësirë** (f)	[hapəsírə]
cosmique (adj)	**hapësinor**	[hapəsinór]
espace (m) cosmique	**kozmos** (m)	[kozmós]
monde (m)	**botë** (f)	[bótə]
univers (m)	**univers**	[univérs]
galaxie (f)	**galaksi** (f)	[galaksí]
étoile (f)	**yll** (m)	[yɫ]
constellation (f)	**yllësi** (f)	[yɫəsí]
planète (f)	**planet** (m)	[planét]
satellite (m)	**satelit** (m)	[satɛlít]
météorite (m)	**meteor** (m)	[mɛtɛór]
comète (f)	**kometë** (f)	[kométə]
astéroïde (m)	**asteroid** (m)	[astɛroíd]
orbite (f)	**orbitë** (f)	[orbítə]
tourner (vi)	**rrotullohet**	[rotuɫóhɛt]
atmosphère (f)	**atmosferë** (f)	[atmosférə]
Soleil (m)	**Dielli** (m)	[diéɫi]
système (m) solaire	**sistemi diellor** (m)	[sistémi diɛɫór]
éclipse (f) de soleil	**eklips diellor** (m)	[ɛklíps diɛɫór]
Terre (f)	**Toka** (f)	[tóka]
Lune (f)	**Hëna** (f)	[hə́na]
Mars (m)	**Marsi** (m)	[mársi]
Vénus (f)	**Venera** (f)	[vɛnéra]
Jupiter (m)	**Jupiteri** (m)	[jupitéri]
Saturne (m)	**Saturni** (m)	[satúrni]
Mercure (m)	**Merkuri** (m)	[mɛrkúri]
Uranus (m)	**Urani** (m)	[uráni]
Neptune	**Neptuni** (m)	[nɛptúni]
Pluton (m)	**Pluto** (f)	[plúto]
la Voie Lactée	**Rruga e Qumështit** (f)	[rúga ɛ cúməʃtit]
la Grande Ours	**Arusha e Madhe** (f)	[arúʃa ɛ máðɛ]
la Polaire	**ylli i Veriut** (m)	[ýɫi i vériut]
martien (m)	**Marsian** (m)	[marsián]
extraterrestre (m)	**jashtëtokësor** (m)	[jaʃtətokəsór]

alien (m)	**alien** (m)	[alién]
soucoupe (f) volante	**disk fluturues** (m)	[dísk fluturúɛs]
vaisseau (m) spatial	**anije kozmike** (f)	[aníjɛ kozmíkɛ]
station (f) orbitale	**stacion kozmik** (m)	[statsión kozmík]
lancement (m)	**ngritje** (f)	[ŋrítjɛ]
moteur (m)	**motor** (m)	[motór]
tuyère (f)	**dizë** (f)	[dízə]
carburant (m)	**karburant** (m)	[karburánt]
cabine (f)	**kabinë pilotimi** (f)	[kabínə pilotími]
antenne (f)	**antenë** (f)	[anténə]
hublot (m)	**dritare anësore** (f)	[dritárɛ anəsórɛ]
batterie (f) solaire	**panel solar** (m)	[panél solár]
scaphandre (m)	**veshje astronauti** (f)	[véʃjɛ astronáuti]
apesanteur (f)	**mungesë graviteti** (f)	[muŋésə gravitéti]
oxygène (m)	**oksigjen** (m)	[oksiɟén]
arrimage (m)	**ndërlidhje në hapësirë** (f)	[ndərlíðjɛ nə hapəsírə]
s'arrimer à ...	**stacionohem**	[statsionóhɛm]
observatoire (m)	**observator** (m)	[obsɛrvatór]
télescope (m)	**teleskop** (m)	[tɛlɛskóp]
observer (vt)	**vëzhgoj**	[vəʒgój]
explorer (un cosmos)	**eksploroj**	[ɛksplorój]

75. La Terre

Terre (f)	**Toka** (f)	[tóka]
globe (m) terrestre	**globi** (f)	[glóbi]
planète (f)	**planet** (m)	[planét]
atmosphère (f)	**atmosferë** (f)	[atmosférə]
géographie (f)	**gjeografi** (f)	[ɟɛografí]
nature (f)	**natyrë** (f)	[natýrə]
globe (m) de table	**glob** (m)	[glob]
carte (f)	**hartë** (f)	[hártə]
atlas (m)	**atlas** (m)	[atlás]
Europe (f)	**Evropa** (f)	[ɛvrópa]
Asie (f)	**Azia** (f)	[azía]
Afrique (f)	**Afrika** (f)	[afríka]
Australie (f)	**Australia** (f)	[australía]
Amérique (f)	**Amerika** (f)	[amɛríka]
Amérique (f) du Nord	**Amerika Veriore** (f)	[amɛríka vɛriórɛ]
Amérique (f) du Sud	**Amerika Jugore** (f)	[amɛríka jugórɛ]

| l'Antarctique (m) | **Antarktika** (f) | [antarktíka] |
| l'Arctique (m) | **Arktiku** (m) | [arktíku] |

76. Les quatre parties du monde

nord (m)	**veri** (m)	[vɛrí]
vers le nord	**drejt veriut**	[dréjt vériut]
au nord	**në veri**	[nə vɛrí]
du nord (adj)	**verior**	[vɛrióг]

sud (m)	**jug** (m)	[jug]
vers le sud	**drejt jugut**	[dréjt júgut]
au sud	**në jug**	[nə jug]
du sud (adj)	**jugor**	[jugóг]

ouest (m)	**perëndim** (m)	[pɛrəndím]
vers l'occident	**drejt perëndimit**	[dréjt pɛrəndímit]
à l'occident	**në perëndim**	[nə pɛrəndím]
occidental (adj)	**perëndimor**	[pɛrəndimóг]

est (m)	**lindje** (f)	[líndjɛ]
vers l'orient	**drejt lindjes**	[dréjt líndjɛs]
à l'orient	**në lindje**	[nə líndjɛ]
oriental (adj)	**lindor**	[lindóг]

77. Les océans et les mers

mer (f)	**det** (m)	[dét]
océan (m)	**oqean** (m)	[ocɛán]
golfe (m)	**gji** (m)	[ɟi]
détroit (m)	**ngushticë** (f)	[ŋuʃtítsə]

| terre (f) ferme | **tokë** (f) | [tókə] |
| continent (m) | **kontinent** (m) | [kontinént] |

île (f)	**ishull** (m)	[íʃuɬ]
presqu'île (f)	**gadishull** (m)	[gadíʃuɬ]
archipel (m)	**arkipelag** (m)	[arkipɛlág]

baie (f)	**gji** (m)	[ɟi]
port (m)	**port** (m)	[port]
lagune (f)	**lagunë** (f)	[lagúnə]
cap (m)	**kep** (m)	[kɛp]

atoll (m)	**atol** (m)	[atól]
récif (m)	**shkëmb nënujor** (m)	[ʃkəmb nənujóг]
corail (m)	**koral** (m)	[korál]
récif (m) de corail	**korale nënujorë** (f)	[korálɛ nənujórə]

profond (adj)	i thellë	[i θétə]
profondeur (f)	thellësi (f)	[θɛtəsí]
abîme (m)	humnerë (f)	[humnérə]
fosse (f) océanique	hendek (m)	[hɛndék]

courant (m)	rrymë (f)	[rýmə]
baigner (vt) (mer)	rrethohet	[rɛθóhɛt]

littoral (m)	breg (m)	[brɛg]
côte (f)	bregdet (m)	[brɛgdét]

marée (f) haute	batica (f)	[batítsa]
marée (f) basse	zbaticë (f)	[zbatítsə]
banc (m) de sable	cekëtinë (f)	[tsɛkətínə]
fond (m)	fund i detit (m)	[fúnd i détit]

vague (f)	dallgë (f)	[dátgə]
crête (f) de la vague	kreshtë (f)	[kréʃtə]
mousse (f)	shkumë (f)	[ʃkúmə]

tempête (f) en mer	stuhi (f)	[stuhí]
ouragan (m)	uragan (m)	[uragán]
tsunami (m)	cunam (m)	[tsunám]
calme (m)	qetësi (f)	[cɛtəsí]
calme (tranquille)	i qetë	[i cétə]

pôle (m)	pol (m)	[pol]
polaire (adj)	polar	[polár]

latitude (f)	gjerësi (f)	[ɟɛrəsí]
longitude (f)	gjatësi (f)	[ɟatəsí]
parallèle (f)	paralele (f)	[paralélɛ]
équateur (m)	ekuator (m)	[ɛkuatór]

ciel (m)	qiell (m)	[cíɛt]
horizon (m)	horizont (m)	[horizónt]
air (m)	ajër (m)	[ájər]

phare (m)	fanar (m)	[fanár]
plonger (vi)	zhytem	[ʒýtɛm]
sombrer (vi)	fundosje	[fundósjɛ]
trésor (m)	thesare (pl)	[θɛsárɛ]

78. Les noms des mers et des océans

océan (m) Atlantique	Oqeani Atlantik (m)	[ocɛáni atlantík]
océan (m) Indien	Oqeani Indian (m)	[ocɛáni indián]
océan (m) Pacifique	Oqeani Paqësor (m)	[ocɛáni pacəsór]
océan (m) Glacial	Oqeani Arktik (m)	[ocɛáni arktík]
mer (f) Noire	Deti i Zi (m)	[déti i zí]

mer (f) Rouge	Deti i Kuq (m)	[déti i kúc]
mer (f) Jaune	Deti i Verdhë (m)	[déti i vérðə]
mer (f) Blanche	Deti i Bardhë (m)	[déti i bárðə]

mer (f) Caspienne	Deti Kaspik (m)	[déti kaspík]
mer (f) Morte	Deti i Vdekur (m)	[déti i vdékur]
mer (f) Méditerranée	Deti Mesdhe (m)	[déti mɛsðé]

| mer (f) Égée | Deti Egje (m) | [déti ɛɟé] |
| mer (f) Adriatique | Deti Adriatik (m) | [déti adriatík] |

mer (f) Arabique	Deti Arab (m)	[déti aráb]
mer (f) du Japon	Deti i Japonisë (m)	[déti i japonísə]
mer (f) de Béring	Deti Bering (m)	[déti bériŋ]
mer (f) de Chine Méridionale	Deti i Kinës Jugore (m)	[déti i kínəs jugórɛ]

mer (f) de Corail	Deti Koral (m)	[déti korál]
mer (f) de Tasman	Deti Tasman (m)	[déti tasmán]
mer (f) Caraïbe	Deti i Karaibeve (m)	[déti i karaíbɛvɛ]

| mer (f) de Barents | Deti Barents (m) | [déti barénts] |
| mer (f) de Kara | Deti Kara (m) | [déti kára] |

mer (f) du Nord	Deti i Veriut (m)	[déti i vériut]
mer (f) Baltique	Deti Baltik (m)	[déti baltík]
mer (f) de Norvège	Deti Norvegjez (m)	[déti norvɛɟéz]

79. Les montagnes

montagne (f)	mal (m)	[mal]
chaîne (f) de montagnes	vargmal (m)	[vargmál]
crête (f)	kresht malor (m)	[kréʃt malór]

sommet (m)	majë (f)	[májə]
pic (m)	maja më e lartë (f)	[mája mə ɛ lártə]
pied (m)	rrëza e malit (f)	[rəza ɛ málit]
pente (f)	shpat (m)	[ʃpat]

volcan (m)	vullkan (m)	[vuɫkán]
volcan (m) actif	vullkan aktiv (m)	[vuɫkán aktív]
volcan (m) éteint	vullkan i fjetur (m)	[vuɫkán i fjétur]

éruption (f)	shpërthim (m)	[ʃpərθím]
cratère (m)	krater (m)	[kratér]
magma (m)	magmë (f)	[mágmə]
lave (f)	llavë (f)	[ɫávə]
en fusion (lave ~)	i shkrirë	[i ʃkrírə]
canyon (m)	kanion (m)	[kanión]
défilé (m) (gorge)	grykë (f)	[grýkə]

crevasse (f)	çarje (f)	[tʃárjɛ]
précipice (m)	humnerë (f)	[humnérə]
col (m) de montagne	kalim (m)	[kalím]
plateau (m)	pllajë (f)	[pɫájə]
rocher (m)	shkëmb (m)	[ʃkəmb]
colline (f)	kodër (f)	[kódər]
glacier (m)	akullnajë (f)	[akuɫnájə]
chute (f) d'eau	ujëvarë (f)	[ujəvárə]
geyser (m)	gejzer (m)	[gɛjzér]
lac (m)	liqen (m)	[licén]
plaine (f)	fushë (f)	[fúʃə]
paysage (m)	peizazh (m)	[pɛizáʒ]
écho (m)	jehonë (f)	[jɛhónə]
alpiniste (m)	alpinist (m)	[alpiníst]
varappeur (m)	alpinist shkëmbßinjsh (m)	[alpiníst ʃkəmbiɲʃ]
conquérir (vt)	pushtoj majën	[puʃtój májən]
ascension (f)	ngjitje (f)	[nɟítjɛ]

80. Les noms des chaînes de montagne

Alpes (f pl)	Alpet (pl)	[alpét]
Mont Blanc (m)	Montblanc (m)	[montblánk]
Pyrénées (f pl)	Pirenejet (pl)	[pirɛnéjɛt]
Carpates (f pl)	Karpatet (m)	[karpátɛt]
Monts Oural (m pl)	Malet Urale (pl)	[málɛt urálɛ]
Caucase (m)	Malet Kaukaze (pl)	[málɛt kaukázɛ]
Elbrous (m)	Mali Elbrus (m)	[máli ɛlbrús]
Altaï (m)	Malet Altai (pl)	[málɛt altái]
Tian Chan (m)	Tian Shani (m)	[tían ʃáni]
Pamir (m)	Malet e Pamirit (m)	[málɛt ɛ pamírit]
Himalaya (m)	Himalajet (pl)	[himalájɛt]
Everest (m)	Mali Everest (m)	[máli ɛvɛrést]
Andes (f pl)	andet (pl)	[ándɛt]
Kilimandjaro (m)	Mali Kilimanxharo (m)	[máli kilimandʒáro]

81. Les fleuves

rivière (f), fleuve (m)	lum (m)	[lum]
source (f)	burim (m)	[burím]
lit (m) (d'une rivière)	shtrat lumi (m)	[ʃtrat lúmi]
bassin (m)	basen (m)	[basén]

se jeter dans ...	rrjedh ...	[rjéð ...]
affluent (m)	derdhje (f)	[dérðjɛ]
rive (f)	breg (m)	[brɛg]
courant (m)	rrymë (f)	[rýmə]
en aval	rrjedhje e poshtme	[rjéðjɛ ɛ póʃtmɛ]
en amont	rrjedhje e sipërme	[rjéðjɛ ɛ sípərmɛ]
inondation (f)	vërshim (m)	[vərʃím]
les grandes crues	përmbytje (f)	[pərmbýtjɛ]
déborder (vt)	vërshon	[vərʃón]
inonder (vt)	përmbytet	[pərmbýtɛt]
bas-fond (m)	cekëtinë (f)	[tsɛkətínə]
rapide (m)	rrjedhë (f)	[rjéðə]
barrage (m)	digë (f)	[dígə]
canal (m)	kanal (m)	[kanál]
lac (m) de barrage	rezervuar (m)	[rɛzɛrvuár]
écluse (f)	pendë ujore (f)	[péndə ujórɛ]
plan (m) d'eau	plan hidrik (m)	[plan hidrík]
marais (m)	kënetë (f)	[kənétə]
fondrière (f)	moçal (m)	[motʃál]
tourbillon (m)	vorbull (f)	[vórbuɬ]
ruisseau (m)	përrua (f)	[pərúa]
potable (adj)	i pijshëm	[i píʃʃəm]
douce (l'eau ~)	i freskët	[i fréskət]
glace (f)	akull (m)	[ákuɬ]
être gelé	ngrihet	[ŋríhɛt]

82. Les noms des fleuves

Seine (f)	Sena (f)	[séna]
Loire (f)	Loire (f)	[luar]
Tamise (f)	Temza (f)	[témza]
Rhin (m)	Rajnë (m)	[rájnə]
Danube (m)	Danubi (m)	[danúbi]
Volga (f)	Volga (f)	[vólga]
Don (m)	Doni (m)	[dóni]
Lena (f)	Lena (f)	[léna]
Huang He (m)	Lumi i Verdhë (m)	[lúmi i vérðə]
Yangzi Jiang (m)	Jangce (f)	[jaŋtsé]
Mékong (m)	Mekong (m)	[mɛkóŋ]
Gange (m)	Gang (m)	[gaŋ]

Nil (m)	**Lumi Nil** (m)	[lúmi nil]
Congo (m)	**Lumi Kongo** (m)	[lúmi kóŋo]
Okavango (m)	**Lumi Okavango** (m)	[lúmi okaváŋo]
Zambèze (m)	**Lumi Zambezi** (m)	[lúmi zambézi]
Limpopo (m)	**Lumi Limpopo** (m)	[lúmi limpópo]
Mississippi (m)	**Lumi Misisipi** (m)	[lúmi misisípi]

83. La forêt

| forêt (f) | **pyll** (m) | [pyɫ] |
| forestier (adj) | **pyjor** | [pyjór] |

fourré (m)	**pyll i ngjeshur** (m)	[pyɫ i ɲʝéʃur]
bosquet (m)	**zabel** (m)	[zabél]
clairière (f)	**lëndinë** (f)	[ləndínə]

| broussailles (f pl) | **pyllëz** (m) | [pýɫəz] |
| taillis (m) | **shkurre** (f) | [ʃkúrɛ] |

| sentier (m) | **shteg** (m) | [ʃtɛg] |
| ravin (m) | **hon** (m) | [hon] |

arbre (m)	**pemë** (f)	[pémə]
feuille (f)	**gjeth** (m)	[ʝɛθ]
feuillage (m)	**gjethe** (pl)	[ʝéθɛ]

chute (f) de feuilles	**rënie e gjetheve** (f)	[rəníɛ ɛ ʝéθɛvɛ]
tomber (feuilles)	**bien**	[bíɛn]
sommet (m)	**maje** (f)	[májɛ]

rameau (m)	**degë** (f)	[dégə]
branche (f)	**degë** (f)	[dégə]
bourgeon (m)	**syth** (m)	[syθ]
aiguille (f)	**shtiza pishe** (f)	[ʃtíza píʃɛ]
pomme (f) de pin	**lule pishe** (f)	[lúlɛ píʃɛ]

creux (m)	**zgavër** (f)	[zgávər]
nid (m)	**fole** (f)	[folé]
terrier (m) (~ d'un renard)	**strofull** (f)	[strófuɫ]

tronc (m)	**trung** (m)	[truŋ]
racine (f)	**rrënjë** (f)	[rə́ɲə]
écorce (f)	**lëvore** (f)	[ləvórɛ]
mousse (f)	**myshk** (m)	[myʃk]

déraciner (vt)	**shkul**	[ʃkul]
abattre (un arbre)	**pres**	[prɛs]
déboiser (vt)	**shpyllëzoj**	[ʃpyɫəzój]
souche (f)	**cung** (m)	[tsúŋ]
feu (m) de bois	**zjarr kampingu** (m)	[zjar kampíŋu]

| incendie (m) | zjarr në pyll (m) | [zjar nə pyɫ] |
| éteindre (feu) | shuaj | [ʃúaj] |

garde (m) forestier	roje pyjore (f)	[rójɛ pyjórɛ]
protection (f)	mbrojtje (f)	[mbrójtjɛ]
protéger (vt)	mbroj	[mbrój]
braconnier (m)	gjahtar i	[ɟahtár i
	jashtëligjshëm (m)	jaʃtəlíɟʃəm]
piège (m) à mâchoires	grackë (f)	[grátskə]

| cueillir (vt) | mbledh | [mbléð] |
| s'égarer (vp) | humb rrugën | [húmb rúgən] |

84. Les ressources naturelles

ressources (f pl) naturelles	burime natyrore (pl)	[burímɛ natyrórɛ]
minéraux (m pl)	minerale (pl)	[minɛrálɛ]
gisement (m)	depozita (pl)	[dɛpozíta]
champ (m) (~ pétrolifère)	fushë (f)	[fúʃə]

extraire (vt)	nxjerr	[ndzjér]
extraction (f)	nxjerrje mineralesh (f)	[ndzjérjɛ minɛrálɛʃ]
minerai (m)	xehe (f)	[dzéhɛ]
mine (f) (site)	minierë (f)	[miniérə]
puits (m) de mine	nivel (m)	[nivél]
mineur (m)	minator (m)	[minatór]

| gaz (m) | gaz (m) | [gaz] |
| gazoduc (m) | gazsjellës (m) | [gazsjéɫəs] |

pétrole (m)	naftë (f)	[náftə]
pipeline (m)	naftësjellës (f)	[naftəsjéɫəs]
tour (f) de forage	pus nafte (m)	[pus náftɛ]
derrick (m)	burim nafte (m)	[burím náftɛ]
pétrolier (m)	anije-cisternë (f)	[aníjɛ-tsistérnə]

sable (m)	rërë (f)	[rérə]
calcaire (m)	gur gëlqeror (m)	[gur gəlcɛrór]
gravier (m)	zhavorr (m)	[ʒavór]
tourbe (f)	torfë (f)	[tórfə]
argile (f)	argjilë (f)	[arɟílə]
charbon (m)	qymyr (m)	[cymýr]

fer (m)	hekur (m)	[hékur]
or (m)	ar (m)	[ár]
argent (m)	argjend (m)	[arɟénd]
nickel (m)	nikel (m)	[nikél]
cuivre (m)	bakër (m)	[bákər]
zinc (m)	zink (m)	[zink]
manganèse (m)	mangan (m)	[maŋán]

mercure (m)	**merkur** (m)	[mɛrkúr]
plomb (m)	**plumb** (m)	[plúmb]
minéral (m)	**mineral** (m)	[minɛrál]
cristal (m)	**kristal** (m)	[kristál]
marbre (m)	**mermer** (m)	[mɛrmér]
uranium (m)	**uranium** (m)	[uraniúm]

85. Le temps

temps (m)	**moti** (m)	[móti]
météo (f)	**parashikimi i motit** (m)	[paraʃikími i mótit]
température (f)	**temperaturë** (f)	[tɛmpɛratúrə]
thermomètre (m)	**termometër** (m)	[tɛrmométər]
baromètre (m)	**barometër** (m)	[barométər]
humide (adj)	**i lagësht**	[i lágəʃt]
humidité (f)	**lagështi** (f)	[lagəʃtí]
chaleur (f) (canicule)	**vapë** (f)	[vápə]
torride (adj)	**shumë nxehtë**	[ʃúmə ndzéhtə]
il fait très chaud	**është nxehtë**	[éʃtə ndzéhtə]
il fait chaud	**është ngrohtë**	[éʃtə ŋróhtə]
chaud (modérément)	**ngrohtë**	[ŋróhtə]
il fait froid	**bën ftohtë**	[bən ftóhtə]
froid (adj)	**i ftohtë**	[i ftóhtə]
soleil (m)	**diell** (m)	[díɛɫ]
briller (soleil)	**ndriçon**	[ndritʃón]
ensoleillé (jour ~)	**me diell**	[mɛ díɛɫ]
se lever (vp)	**agon**	[agón]
se coucher (vp)	**perëndon**	[pɛrəndón]
nuage (m)	**re** (f)	[rɛ]
nuageux (adj)	**vranët**	[vránət]
nuée (f)	**re shiu** (f)	[rɛ ʃíu]
sombre (adj)	**vranët**	[vránət]
pluie (f)	**shi** (m)	[ʃi]
il pleut	**bie shi**	[bíɛ ʃi]
pluvieux (adj)	**me shi**	[mɛ ʃi]
bruiner (v imp)	**shi i imët**	[ʃi i ímət]
pluie (f) torrentielle	**shi litar** (m)	[ʃi litár]
averse (f)	**stuhi shiu** (f)	[stuhí ʃíu]
forte (la pluie ~)	**i fortë**	[i fórtə]
flaque (f)	**brakë** (f)	[brákə]
se faire mouiller	**lagem**	[lágɛm]

brouillard (m)	mjegull (f)	[mjégułt]
brumeux (adj)	e mjegullt	[ɛ mjégułt]
neige (f)	borë (f)	[bórə]
il neige	bie borë	[bíɛ bórə]

86. Les intempéries. Les catastrophes naturelles

orage (m)	stuhi (f)	[stuhí]
éclair (m)	vetëtimë (f)	[vɛtətímə]
éclater (foudre)	vetëton	[vɛtətón]
tonnerre (m)	bubullimë (f)	[bubułtímə]
gronder (tonnerre)	bubullon	[bubułtón]
le tonnerre gronde	bubullon	[bubułtón]
grêle (f)	breshër (m)	[bréʃər]
il grêle	po bie breshër	[po biɛ bréʃər]
inonder (vt)	përmbytet	[pərmbýtɛt]
inondation (f)	përmbytje (f)	[pərmbýtjɛ]
tremblement (m) de terre	tërmet (m)	[tərmét]
secousse (f)	lëkundje (f)	[ləkúndjɛ]
épicentre (m)	epiqendër (f)	[ɛpicéndər]
éruption (f)	shpërthim (m)	[ʃpərθím]
lave (f)	llavë (f)	[łtávə]
tourbillon (m)	vorbull (f)	[vórbułt]
tornade (f)	tornado (f)	[tornádo]
typhon (m)	tajfun (m)	[tajfún]
ouragan (m)	uragan (m)	[uragán]
tempête (f)	stuhi (f)	[stuhí]
tsunami (m)	cunam (m)	[tsunám]
cyclone (m)	ciklon (m)	[tsiklón]
intempéries (f pl)	mot i keq (m)	[mot i kɛc]
incendie (m)	zjarr (m)	[zjar]
catastrophe (f)	fatkeqësi (f)	[fatkɛcəsí]
météorite (m)	meteor (m)	[mɛtɛór]
avalanche (f)	ortek (m)	[orték]
éboulement (m)	rrëshqitje bore (f)	[rəʃcítjɛ bórɛ]
blizzard (m)	stuhi bore (f)	[stuhí bórɛ]
tempête (f) de neige	stuhi bore (f)	[stuhí bórɛ]

LA FAUNE

T&P Books Publishing

87. Les mammifères. Les prédateurs

prédateur (m)	**grabitqar** (m)	[grabitcár]
tigre (m)	**tigër** (m)	[tígər]
lion (m)	**luan** (m)	[luán]
loup (m)	**ujk** (m)	[ujk]
renard (m)	**dhelpër** (f)	[ðélpər]
jaguar (m)	**jaguar** (m)	[jaguár]
léopard (m)	**leopard** (m)	[lɛopárd]
guépard (m)	**gepard** (m)	[gɛpárd]
panthère (f)	**panterë e zezë** (f)	[pantérə ɛ zézə]
puma (m)	**puma** (f)	[púma]
léopard (m) de neiges	**leopard i borës** (m)	[lɛopárd i bórəs]
lynx (m)	**rrëqebull** (m)	[rəcébuɬ]
coyote (m)	**kojotë** (f)	[kojótə]
chacal (m)	**çakall** (m)	[tʃakáɬ]
hyène (f)	**hienë** (f)	[hiénə]

88. Les animaux sauvages

animal (m)	**kafshë** (f)	[káfʃə]
bête (f)	**bishë** (f)	[bíʃə]
écureuil (m)	**ketër** (m)	[kétər]
hérisson (m)	**iriq** (m)	[iríc]
lièvre (m)	**lepur i egër** (m)	[lépur i égər]
lapin (m)	**lepur** (m)	[lépur]
blaireau (m)	**vjedull** (f)	[vjéduɬ]
raton (m)	**rakun** (m)	[rakún]
hamster (m)	**hamster** (m)	[hamstér]
marmotte (f)	**marmot** (m)	[marmót]
taupe (f)	**urith** (m)	[uríθ]
souris (f)	**mi** (m)	[mi]
rat (m)	**mi** (m)	[mi]
chauve-souris (f)	**lakuriq** (m)	[lakuríc]
hermine (f)	**herminë** (f)	[hɛrmínə]
zibeline (f)	**kunadhe** (f)	[kunáðɛ]
martre (f)	**shqarth** (m)	[ʃcarθ]

| belette (f) | nuselalë (f) | [nusɛlálə] |
| vison (m) | vizon (m) | [vizón] |

| castor (m) | kastor (m) | [kastór] |
| loutre (f) | vidër (f) | [vídər] |

cheval (m)	kali (m)	[káli]
élan (m)	dre brilopatë (m)	[drɛ brilopátə]
cerf (m)	dre (f)	[drɛ]
chameau (m)	deve (f)	[dévɛ]

bison (m)	bizon (m)	[bizón]
aurochs (m)	bizon evropian (m)	[bizón ɛvropián]
buffle (m)	buall (m)	[búaɫ]

zèbre (m)	zebër (f)	[zébər]
antilope (f)	antilopë (f)	[antilópə]
chevreuil (m)	dre (f)	[drɛ]
biche (f)	dre ugar (m)	[drɛ ugár]
chamois (m)	kamosh (m)	[kamóʃ]
sanglier (m)	derr i egër (m)	[dér i égər]

baleine (f)	balenë (f)	[balénə]
phoque (m)	fokë (f)	[fókə]
morse (m)	lopë deti (f)	[lópə déti]
ours (m) de mer	fokë (f)	[fókə]
dauphin (m)	delfin (m)	[dɛlfín]

ours (m)	ari (m)	[arí]
ours (m) blanc	ari polar (m)	[arí polár]
panda (m)	panda (f)	[pánda]

singe (m)	majmun (m)	[majmún]
chimpanzé (m)	shimpanze (f)	[ʃimpánzɛ]
orang-outang (m)	orangutan (m)	[oraŋután]
gorille (m)	gorillë (f)	[goríɫə]
macaque (m)	majmun makao (m)	[majmún makáo]
gibbon (m)	gibon (m)	[gibón]

| éléphant (m) | elefant (m) | [ɛlɛfánt] |
| rhinocéros (m) | rinoqeront (m) | [rinocɛrónt] |

| girafe (f) | gjirafë (f) | [ɟiráfə] |
| hippopotame (m) | hipopotam (m) | [hipopotám] |

| kangourou (m) | kangur (m) | [kaŋúr] |
| koala (m) | koala (f) | [koála] |

mangouste (f)	mangustë (f)	[maŋústə]
chinchilla (m)	çinçila (f)	[tʃintʃíla]
mouffette (f)	qelbës (m)	[célbəs]
porc-épic (m)	ferrëgjatë (m)	[fɛrəɟátə]

89. Les animaux domestiques

chat (m) (femelle)	mace (f)	[mátsɛ]
chat (m) (mâle)	maçok (m)	[matʃók]
chien (m)	qen (m)	[cɛn]
cheval (m)	kali (m)	[káli]
étalon (m)	hamshor (m)	[hamʃór]
jument (f)	pelë (f)	[pélə]
vache (f)	lopë (f)	[lópə]
taureau (m)	dem (m)	[dém]
bœuf (m)	ka (m)	[ka]
brebis (f)	dele (f)	[délɛ]
mouton (m)	dash (m)	[daʃ]
chèvre (f)	dhi (f)	[ði]
bouc (m)	cjap (m)	[tsjáp]
âne (m)	gomar (m)	[gomár]
mulet (m)	mushkë (f)	[múʃkə]
cochon (m)	derr (m)	[dɛr]
pourceau (m)	derrkuc (m)	[dɛrkúts]
lapin (m)	lepur (m)	[lépur]
poule (f)	pulë (f)	[púlə]
coq (m)	gjel (m)	[ɟél]
canard (m)	rosë (f)	[rósə]
canard (m) mâle	rosak (m)	[rosák]
oie (f)	patë (f)	[pátə]
dindon (m)	gjel deti i egër (m)	[ɟél déti i égər]
dinde (f)	gjel deti (m)	[ɟél déti]
animaux (m pl) domestiques	kafshë shtëpiake (f)	[káfʃə ʃtəpiákɛ]
apprivoisé (adj)	i zbutur	[i zbútur]
apprivoiser (vt)	zbus	[zbus]
élever (vt)	rrit	[rit]
ferme (f)	fermë (f)	[férmə]
volaille (f)	pulari (f)	[pularí]
bétail (m)	bagëti (f)	[bagətí]
troupeau (m)	kope (f)	[kopé]
écurie (f)	stallë (f)	[stáɫə]
porcherie (f)	stallë e derrave (f)	[stáɫə ɛ déravɛ]
vacherie (f)	stallë e lopëve (f)	[stáɫə ɛ lópəvɛ]
cabane (f) à lapins	kolibe lepujsh (f)	[kolíbɛ lépujʃ]
poulailler (m)	kotec (m)	[kotéts]

90. Les oiseaux

oiseau (m)	zog (m)	[zog]
pigeon (m)	pëllumb (m)	[pəɫúmb]
moineau (m)	harabel (m)	[harabél]
mésange (f)	xhixhimës (m)	[dʒidʒimés]
pie (f)	laraskë (f)	[laráskə]
corbeau (m)	korb (m)	[korb]
corneille (f)	sorrë (f)	[sórə]
choucas (m)	galë (f)	[gálə]
freux (m)	sorrë (f)	[sórə]
canard (m)	rosë (f)	[rósə]
oie (f)	patë (f)	[pátə]
faisan (m)	fazan (m)	[fazán]
aigle (m)	shqiponjë (f)	[ʃcipóɲə]
épervier (m)	gjeraqinë (f)	[ɟɛracínə]
faucon (m)	fajkua (f)	[fajkúa]
vautour (m)	hutë (f)	[hútə]
condor (m)	kondor (m)	[kondór]
cygne (m)	mjellmë (f)	[mjéɫmə]
grue (f)	lejlek (m)	[lɛjlék]
cigogne (f)	lejlek (m)	[lɛjlék]
perroquet (m)	papagall (m)	[papagáɫ]
colibri (m)	kolibri (m)	[kolíbri]
paon (m)	pallua (m)	[paɫúa]
autruche (f)	struc (m)	[struts]
héron (m)	çafkë (f)	[tʃáfkə]
flamant (m)	flamingo (m)	[flamíŋo]
pélican (m)	pelikan (m)	[pɛlikán]
rossignol (m)	bilbil (m)	[bilbíl]
hirondelle (f)	dallëndyshe (f)	[daɫəndýʃɛ]
merle (m)	mëllenjë (f)	[məɫéɲə]
grive (f)	grifsha (f)	[gríffa]
merle (m) noir	mëllenjë (f)	[məɫéɲə]
martinet (m)	dallëndyshe (f)	[daɫəndýʃɛ]
alouette (f) des champs	thëllëzë (f)	[θəɫézə]
caille (f)	trumcak (m)	[trumtsák]
pivert (m)	qukapik (m)	[cukapík]
coucou (m)	kukuvajkë (f)	[kukuvájkə]
chouette (f)	buf (m)	[buf]
hibou (m)	buf mbretëror (m)	[buf mbrɛtərór]

tétras (m)	**fazan i pyllit** (m)	[fazán i pýłit]
tétras-lyre (m)	**fazan i zi** (m)	[fazán i zí]
perdrix (f)	**thëllëzë** (f)	[θəłə́zə]
étourneau (m)	**gargull** (m)	[gárguł]
canari (m)	**kanarinë** (f)	[kanarínə]
gélinotte (f) des bois	**fazan mali** (m)	[fazán máli]
pinson (m)	**trishtil** (m)	[triʃtíl]
bouvreuil (m)	**trishtil dimri** (m)	[triʃtíl dímri]
mouette (f)	**pulëbardhë** (f)	[puləbárðə]
albatros (m)	**albatros** (m)	[albatrós]
pingouin (m)	**penguin** (m)	[pɛŋuín]

91. Les poissons. Les animaux marins

brème (f)	**krapuliq** (m)	[krapulíc]
carpe (f)	**krap** (m)	[krap]
perche (f)	**perç** (m)	[pɛrtʃ]
silure (m)	**mustak** (m)	[musták]
brochet (m)	**mlysh** (m)	[mlýʃ]
saumon (m)	**salmon** (m)	[salmón]
esturgeon (m)	**bli** (m)	[blí]
hareng (m)	**harengë** (f)	[haréŋə]
saumon (m) atlantique	**salmon Atlantiku** (m)	[salmón atlantíku]
maquereau (m)	**skumbri** (m)	[skúmbri]
flet (m)	**shojzë** (f)	[ʃójzə]
sandre (f)	**troftë** (f)	[tróftə]
morue (f)	**merluc** (m)	[mɛrlúts]
thon (m)	**tunë** (f)	[túnə]
truite (f)	**troftë** (f)	[tróftə]
anguille (f)	**ngjalë** (f)	[nɟálə]
torpille (f)	**peshk elektrik** (m)	[pɛʃk ɛlɛktrík]
murène (f)	**ngjalë morel** (f)	[nɟálə morél]
piranha (m)	**piranja** (f)	[piráɲa]
requin (m)	**peshkaqen** (m)	[pɛʃkacén]
dauphin (m)	**delfin** (m)	[dɛlfín]
baleine (f)	**balenë** (f)	[balénə]
crabe (m)	**gaforre** (f)	[gafórɛ]
méduse (f)	**kandil deti** (m)	[kandíl déti]
pieuvre (f), poulpe (m)	**oktapod** (m)	[oktapód]
étoile (f) de mer	**yll deti** (m)	[yɫ déti]
oursin (m)	**iriq deti** (m)	[iríc déti]

hippocampe (m)	kalë deti (m)	[kálə déti]
huître (f)	midhje (f)	[mídjɛ]
crevette (f)	karkalec (m)	[karkaléts]
homard (m)	karavidhe (f)	[karavíðɛ]
langoustine (f)	karavidhe (f)	[karavíðɛ]

92. Les amphibiens. Les reptiles

serpent (m)	gjarpër (m)	[ɟárpər]
venimeux (adj)	helmues	[hɛlmúɛs]
vipère (f)	nepërka (f)	[nɛpérka]
cobra (m)	kobra (f)	[kóbra]
python (m)	piton (m)	[pitón]
boa (m)	boa (f)	[bóa]
couleuvre (f)	kular (m)	[kulár]
serpent (m) à sonnettes	gjarpër me zile (m)	[ɟárpər mɛ zílɛ]
anaconda (m)	anakonda (f)	[anakónda]
lézard (m)	hardhucë (f)	[harðútsə]
iguane (m)	iguana (f)	[iguána]
varan (m)	varan (m)	[varán]
salamandre (f)	salamandër (f)	[salamándər]
caméléon (m)	kameleon (m)	[kamɛlɛón]
scorpion (m)	akrep (m)	[akrép]
tortue (f)	breshkë (f)	[bréʃkə]
grenouille (f)	bretkosë (f)	[brɛtkósə]
crapaud (m)	zhabë (f)	[ʒábə]
crocodile (m)	krokodil (m)	[krokodíl]

93. Les insectes

insecte (m)	insekt (m)	[insékt]
papillon (m)	flutur (f)	[flútur]
fourmi (f)	milingonë (f)	[miliɲónə]
mouche (f)	mizë (f)	[mízə]
moustique (m)	mushkonjë (f)	[muʃkóɲə]
scarabée (m)	brumbull (m)	[brúmbuɫ]
guêpe (f)	grerëz (f)	[grérəz]
abeille (f)	bletë (f)	[blétə]
bourdon (m)	greth (m)	[grɛθ]
œstre (m)	zekth (m)	[zɛkθ]
araignée (f)	merimangë (f)	[mɛrimáɲə]
toile (f) d'araignée	rrjetë merimange (f)	[rjétə mɛrimáɲɛ]

libellule (f)	**pilivesë** (f)	[pilivésə]
sauterelle (f)	**karkalec** (m)	[karkaléts]
papillon (m)	**molë** (f)	[mólə]
cafard (m)	**kacabu** (f)	[katsabú]
tique (f)	**rriqër** (m)	[rícər]
puce (f)	**plesht** (m)	[plɛʃt]
moucheron (m)	**mushicë** (f)	[muʃítsə]
criquet (m)	**gjinkallë** (f)	[ɟinkáɫə]
escargot (m)	**kërmill** (m)	[kərmíɫ]
grillon (m)	**bulkth** (m)	[búlkθ]
luciole (f)	**xixëllonjë** (f)	[dzidzəɫóɲə]
coccinelle (f)	**mollëkuqe** (f)	[moɫəkúcɛ]
hanneton (m)	**vizhë** (f)	[víʒə]
sangsue (f)	**shushunjë** (f)	[ʃuʃúɲə]
chenille (f)	**vemje** (f)	[vémjɛ]
ver (m)	**krimb toke** (m)	[krímb tókɛ]
larve (f)	**larvë** (f)	[lárvə]

LA FLORE

T&P Books Publishing

arbre (m)	pemë (f)	[pémə]
à feuilles caduques	gjethor	[ɟɛθór]
conifère (adj)	halor	[halór]
à feuilles persistantes	përherë të gjelbra	[pərhérə tə ɟélbra]
pommier (m)	pemë molle (f)	[pémə mótɛ]
poirier (m)	pemë dardhe (f)	[pémə dárðɛ]
merisier (m)	pemë qershie (f)	[pémə cɛrʃíɛ]
cerisier (m)	pemë qershi vishnje (f)	[pémə cɛrʃí víʃɲɛ]
prunier (m)	pemë kumbulle (f)	[pémə kúmbu+ɛ]
bouleau (m)	mështekna (f)	[məʃtékna]
chêne (m)	lis (m)	[lis]
tilleul (m)	bli (m)	[blí]
tremble (m)	plep i egër (m)	[plɛp i égər]
érable (m)	panjë (f)	[páɲə]
épicéa (m)	bredh (m)	[brɛð]
pin (m)	pishë (f)	[píʃə]
mélèze (m)	larsh (m)	[lárʃ]
sapin (m)	bredh i bardhë (m)	[brɛð i bárðə]
cèdre (m)	kedër (m)	[kédər]
peuplier (m)	plep (m)	[plɛp]
sorbier (m)	vadhë (f)	[váðə]
saule (m)	shelg (m)	[ʃɛlg]
aune (m)	verr (m)	[vɛr]
hêtre (m)	ah (m)	[ah]
orme (m)	elm (m)	[élm]
frêne (m)	shelg (m)	[ʃɛlg]
marronnier (m)	gështenjë (f)	[gəʃtéɲə]
magnolia (m)	manjolia (f)	[maɲólia]
palmier (m)	palma (f)	[pálma]
cyprès (m)	qiparis (m)	[ciparís]
palétuvier (m)	rizoforë (f)	[rizofórə]
baobab (m)	baobab (m)	[baobáb]
eucalyptus (m)	eukalipt (m)	[ɛukalípt]
séquoia (m)	sekuojë (f)	[sɛkuójə]

95. Les arbustes

buisson (m)	**shkurre** (f)	[ʃkúrɛ]
arbrisseau (m)	**kaçube** (f)	[katʃúbɛ]
vigne (f)	**hardhi** (f)	[harðí]
vigne (f) (vignoble)	**vreshtë** (f)	[vréʃtə]
framboise (f)	**mjedër** (f)	[mjédər]
cassis (m)	**kaliboba e zezë** (f)	[kalibóba ɛ zézə]
groseille (f) rouge	**kaliboba e kuqe** (f)	[kalibóba ɛ kúcɛ]
groseille (f) verte	**shkurre kulumbrie** (f)	[ʃkúrɛ kulumbríɛ]
acacia (m)	**akacie** (f)	[akátsiɛ]
berbéris (m)	**krespinë** (f)	[krɛspínə]
jasmin (m)	**jasemin** (m)	[jasɛmín]
genévrier (m)	**dëllinjë** (f)	[dətíɲə]
rosier (m)	**trëndafil** (m)	[trəndafíl]
églantier (m)	**trëndafil i egër** (m)	[trəndafíl i égər]

96. Les fruits. Les baies

fruit (m)	**frut** (m)	[frut]
fruits (m pl)	**fruta** (pl)	[frúta]
pomme (f)	**mollë** (f)	[mółə]
poire (f)	**dardhë** (f)	[dárðə]
prune (f)	**kumbull** (f)	[kúmbuł]
fraise (f)	**luleshtrydhe** (f)	[lulɛʃtrýðɛ]
cerise (f)	**qershi vishnje** (f)	[cɛrʃí víʃɲɛ]
merise (f)	**qershi** (f)	[cɛrʃí]
raisin (m)	**rrush** (m)	[ruʃ]
framboise (f)	**mjedër** (f)	[mjédər]
cassis (m)	**kaliboba e zezë** (f)	[kalibóba ɛ zézə]
groseille (f) rouge	**kaliboba e kuqe** (f)	[kalibóba ɛ kúcɛ]
groseille (f) verte	**kulumbri** (f)	[kulumbrí]
canneberge (f)	**boronica** (f)	[boronítsa]
orange (f)	**portokall** (m)	[portokáł]
mandarine (f)	**mandarinë** (f)	[mandarínə]
ananas (m)	**ananas** (m)	[ananás]
banane (f)	**banane** (f)	[banánɛ]
datte (f)	**hurmë** (f)	[húrmə]
citron (m)	**limon** (m)	[limón]
abricot (m)	**kajsi** (f)	[kajsí]

pêche (f)	pjeshkë (f)	[pjéʃkə]
kiwi (m)	kivi (m)	[kívi]
pamplemousse (m)	grejpfrut (m)	[grɛjpfrút]

baie (f)	manë (f)	[mánə]
baies (f pl)	mana (f)	[mána]
airelle (f) rouge	boronicë mirtile (f)	[boronítsə mirtílɛ]
fraise (f) des bois	luleshtrydhe e egër (f)	[lulɛʃtrýðɛ ɛ égər]
myrtille (f)	boronicë (f)	[boronítsə]

97. Les fleurs. Les plantes

| fleur (f) | lule (f) | [lúlɛ] |
| bouquet (m) | buqetë (f) | [bucétə] |

rose (f)	trëndafil (m)	[trəndafíl]
tulipe (f)	tulipan (m)	[tulipán]
oeillet (m)	karafil (m)	[karafíl]
glaïeul (m)	gladiolë (f)	[gladiólə]

bleuet (m)	lule misri (f)	[lúlɛ mísri]
campanule (f)	lule këmborë (f)	[lúlɛ kəmbórə]
dent-de-lion (f)	luleradhiqe (f)	[lulɛraðícɛ]
marguerite (f)	kamomil (m)	[kamomíl]

aloès (m)	aloe (f)	[alóɛ]
cactus (m)	kaktus (m)	[kaktús]
ficus (m)	fikus (m)	[fíkus]

lis (m)	zambak (m)	[zambák]
géranium (m)	barbarozë (f)	[barbarózə]
jacinthe (f)	zymbyl (m)	[zymbýl]

mimosa (m)	mimoza (f)	[mimóza]
jonquille (f)	narcis (m)	[nartsís]
capucine (f)	lule këmbore (f)	[lúlɛ kəmbórɛ]

orchidée (f)	orkide (f)	[orkidé]
pivoine (f)	bozhure (f)	[boʒúrɛ]
violette (f)	vjollcë (f)	[vjółtsə]

pensée (f)	lule vjollca (f)	[lúlɛ vjółtsa]
myosotis (m)	mosmëharro (f)	[mosməharó]
pâquerette (f)	margaritë (f)	[margarítə]

coquelicot (m)	lulëkuqe (f)	[luləkúcɛ]
chanvre (m)	kërp (m)	[kérp]
menthe (f)	mendër (f)	[méndər]
muguet (m)	zambak i fushës (m)	[zambák i fúʃəs]
perce-neige (f)	luleborë (f)	[lulɛbórə]

ortie (f)	hithra (f)	[híθra]
oseille (f)	lëpjeta (f)	[ləpjéta]
nénuphar (m)	zambak uji (m)	[zambák új̱i]
fougère (f)	fier (m)	[fíɛr]
lichen (m)	likene (f)	[likénɛ]

serre (f) tropicale	serrë (f)	[sérə]
gazon (m)	lëndinë (f)	[ləndínə]
parterre (m) de fleurs	kënd lulishteje (m)	[kənd lulíʃtɛjɛ]

plante (f)	bimë (f)	[bímə]
herbe (f)	bar (m)	[bar]
brin (m) d'herbe	fije bari (f)	[fíjɛ bári]

feuille (f)	gjeth (m)	[ɟɛθ]
pétale (m)	petale (f)	[pɛtálɛ]
tige (f)	bisht (m)	[biʃt]
tubercule (m)	zhardhok (m)	[ʒarðók]

| pousse (f) | filiz (m) | [filíz] |
| épine (f) | gjemb (m) | [ɟémb] |

fleurir (vi)	lulëzoj	[lulǝzój]
se faner (vp)	vyshket	[výʃkɛt]
odeur (f)	aromë (f)	[arómǝ]
couper (vt)	pres lulet	[prɛs lúlɛt]
cueillir (fleurs)	mbledh lule	[mbléð lúlɛ]

98. Les céréales

grains (m pl)	drithë (m)	[dríθǝ]
céréales (f pl) (plantes)	drithëra (pl)	[dríθǝra]
épi (m)	kaush (m)	[kaúʃ]

blé (m)	grurë (f)	[grúrǝ]
seigle (m)	thekër (f)	[θékǝr]
avoine (f)	tërshërë (f)	[tǝrʃérǝ]

| millet (m) | mel (m) | [mɛl] |
| orge (f) | elb (m) | [ɛlb] |

maïs (m)	misër (m)	[mísǝr]
riz (m)	oriz (m)	[oríz]
sarrasin (m)	hikërr (m)	[híkǝr]

pois (m)	bizele (f)	[bizélɛ]
haricot (m)	groshë (f)	[grójʃǝ]
soja (m)	sojë (f)	[sójǝ]
lentille (f)	thjerrëz (f)	[θjérǝz]
fèves (f pl)	fasule (f)	[fasúlɛ]

LES PAYS DU MONDE

T&P Books Publishing

Afghanistan (m)	**Afganistan** (m)	[afganistán]
Albanie (f)	**Shqipëri** (f)	[ʃcipərí]
Allemagne (f)	**Gjermani** (f)	[ɟɛrmaní]
Angleterre (f)	**Angli** (f)	[aŋlí]
Arabie (f) Saoudite	**Arabia Saudite** (f)	[arabía saudítɛ]
Argentine (f)	**Argjentinë** (f)	[arɟɛntínə]
Arménie (f)	**Armeni** (f)	[armɛní]
Australie (f)	**Australia** (f)	[australía]
Autriche (f)	**Austri** (f)	[austrí]
Azerbaïdjan (m)	**Azerbajxhan** (m)	[azɛrbajdʒán]
Bahamas (f pl)	**Bahamas** (m)	[bahámas]
Bangladesh (m)	**Bangladesh** (m)	[baŋladéʃ]
Belgique (f)	**Belgjikë** (f)	[bɛlɟíkə]
Biélorussie (f)	**Bjellorusi** (f)	[bjɛɫorusí]
Bolivie (f)	**Bolivi** (f)	[bolíví]
Bosnie (f)	**Bosnje Herzegovina** (f)	[bósɲɛ hɛrzɛgovína]
Brésil (m)	**Brazil** (m)	[brazíl]
Bulgarie (f)	**Bullgari** (f)	[buɫgarí]
Cambodge (m)	**Kamboxhia** (f)	[kambódʒia]
Canada (m)	**Kanada** (f)	[kanadá]
Chili (m)	**Kili** (m)	[kíli]
Chine (f)	**Kinë** (f)	[kínə]
Chypre (m)	**Qipro** (f)	[cípro]
Colombie (f)	**Kolumbi** (f)	[kolumbí]
Corée (f) du Nord	**Korea e Veriut** (f)	[koréa ɛ vériut]
Corée (f) du Sud	**Korea e Jugut** (f)	[koréa ɛ júgut]
Croatie (f)	**Kroaci** (f)	[kroatsí]
Cuba (f)	**Kuba** (f)	[kúba]
Danemark (m)	**Danimarkë** (f)	[danimárkə]
Écosse (f)	**Skoci** (f)	[skotsí]
Égypte (f)	**Egjipt** (m)	[ɛɟípt]
Équateur (m)	**Ekuador** (m)	[ɛkuadór]
Espagne (f)	**Spanjë** (f)	[spáɲə]
Estonie (f)	**Estoni** (f)	[ɛstoní]
Les États Unis	**Shtetet e Bashkuara të Amerikës**	[ʃtétɛt ɛ baʃkúara tə amɛríkəs]
Fédération (f) des Émirats Arabes Unis	**Emiratet e Bashkuara Arabe** (pl)	[ɛmirátɛt ɛ baʃkúara arábɛ]
Finlande (f)	**Finlandë** (f)	[finlándə]
France (f)	**Francë** (f)	[frántsə]

Géorgie (f)	Gjeorgji (f)	[ɟɛorɟí]
Ghana (m)	Gana (f)	[gána]
Grande-Bretagne (f)	Britani e Madhe (f)	[brítani ɛ máðɛ]
Grèce (f)	Greqi (f)	[grɛcí]

100. Les pays du monde. Partie 2

| Haïti (m) | Haiti (m) | [haíti] |
| Hongrie (f) | Hungari (f) | [huŋarí] |

Inde (f)	Indi (f)	[indí]
Indonésie (f)	Indonezi (f)	[indonɛzí]
Iran (m)	Iran (m)	[irán]
Iraq (m)	Irak (m)	[irak]
Irlande (f)	Irlandë (f)	[irlándə]
Islande (f)	Islandë (f)	[islándə]
Israël (m)	Izrael (m)	[izraél]
Italie (f)	Itali (f)	[italí]

Jamaïque (f)	Xhamajka (f)	[dʒamájka]
Japon (m)	Japoni (f)	[japoní]
Jordanie (f)	Jordani (f)	[jordaní]
Kazakhstan (m)	Kazakistan (m)	[kazakistán]
Kenya (m)	Kenia (f)	[kénia]
Kirghizistan (m)	Kirgistan (m)	[kirgistán]
Koweït (m)	Kuvajt (m)	[kuvájt]

Laos (m)	Laos (m)	[láos]
Lettonie (f)	Letoni (f)	[lɛtoní]
Liban (m)	Liban (m)	[libán]
Libye (f)	Libia (f)	[libía]
Liechtenstein (m)	Lichtenstein (m)	[litshtɛnstéin]
Lituanie (f)	Lituani (f)	[lituaní]
Luxembourg (m)	Luksemburg (m)	[luksɛmbúrg]

Macédoine (f)	Maqedonia (f)	[macɛdonía]
Madagascar (f)	Madagaskar (m)	[madagaskár]
Malaisie (f)	Malajzi (f)	[malajzí]
Malte (f)	Maltë (f)	[máltə]
Maroc (m)	Marok (m)	[marók]
Mexique (m)	Meksikë (f)	[mɛksíkə]
Moldavie (f)	Moldavi (f)	[moldaví]

Monaco (m)	Monako (f)	[monáko]
Mongolie (f)	Mongoli (f)	[moŋolí]
Monténégro (m)	Mali i Zi (m)	[máli i zí]
Myanmar (m)	Mianmar (m)	[mianmár]
Namibie (f)	Namibia (f)	[namíbia]
Népal (m)	Nepal (m)	[nɛpál]
Norvège (f)	Norvegji (f)	[norvɛɟí]

| Nouvelle Zélande (f) | Zelandë e Re (f) | [zɛlándə ɛ ré] |
| Ouzbékistan (m) | Uzbekistan (m) | [uzbɛkistán] |

101. Les pays du monde. Partie 3

Pakistan (m)	Pakistan (m)	[pakistán]
Palestine (f)	Palestinë (f)	[palɛstínə]
Panamá (m)	Panama (f)	[panamá]
Paraguay (m)	Paraguai (m)	[paraguái]
Pays-Bas (m)	Holandë (f)	[holándə]

Pérou (m)	Peru (f)	[pɛrú]
Pologne (f)	Poloni (f)	[poloní]
Polynésie (f) Française	Polinezia Franceze (f)	[polinɛzía frantsézɛ]
Portugal (m)	Portugali (f)	[portugalí]

République (f) Dominicaine	Republika Dominikane (f)	[rɛpublíka dominikánɛ]
République (f) Sud-africaine	Afrika e Jugut (f)	[afríka ɛ júgut]
République (f) Tchèque	Republika Çeke (f)	[rɛpublíka tʃékɛ]
Roumanie (f)	Rumani (f)	[rumaní]
Russie (f)	Rusi (f)	[rusí]

Sénégal (m)	Senegal (m)	[sɛnɛgál]
Serbie (f)	Serbi (f)	[sɛrbí]
Slovaquie (f)	Sllovaki (f)	[sɫovakí]
Slovénie (f)	Sllovenia (f)	[sɫovɛnía]
Suède (f)	Suedi (f)	[suɛdí]
Suisse (f)	Zvicër (f)	[zvítsər]
Surinam (m)	Surinam (m)	[surinám]
Syrie (f)	Siri (f)	[sirí]

Tadjikistan (m)	Taxhikistan (m)	[tadʒikistán]
Taïwan (m)	Tajvan (m)	[tajván]
Tanzanie (f)	Tanzani (f)	[tanzaní]
Tasmanie (f)	Tasmani (f)	[tasmaní]
Thaïlande (f)	Tajlandë (f)	[tajlándə]
Tunisie (f)	Tunizi (f)	[tunizí]
Turkménistan (m)	Turkmenistan (m)	[turkmɛnistán]
Turquie (f)	Turqi (f)	[turcí]

Ukraine (f)	Ukrainë (f)	[ukraínə]
Uruguay (m)	Uruguai (m)	[uruguái]
Vatican (m)	Vatikan (m)	[vatikán]
Venezuela (f)	Venezuelë (f)	[vɛnɛzuélə]
Vietnam (m)	Vietnam (m)	[viɛtnám]
Zanzibar (m)	Zanzibar (m)	[zanzibár]

T&P BOOKS

GLOSSAIRE GASTRONOMIQUE

Cette section contient
beaucoup de mots associés
à la nourriture. Ce dictionnaire
vous facilitera la tâche
de comprendre le menu
et de commander le bon plat
au restaurant

T&P Books Publishing

Français-Albanais glossaire gastronomique

Français	Albanais	Prononciation
épi (m)	kaush (m)	[kaúʃ]
épice (f)	erëz (f)	[érəz]
épinard (m)	spinaq (m)	[spinác]
œuf (m)	ve (f)	[vɛ]
abricot (m)	kajsi (f)	[kajsí]
addition (f)	faturë (f)	[fatúrə]
ail (m)	hudhër (f)	[húðər]
airelle (f) rouge	boronicë mirtile (f)	[boronítsə mirtílɛ]
amande (f)	bajame (f)	[bajámɛ]
amanite (f) tue-mouches	kësulkuqe (f)	[kəsulkúcɛ]
amer (adj)	i hidhur	[i híður]
ananas (m)	ananas (m)	[ananás]
anguille (f)	ngjalë (f)	[ɲálə]
anis (m)	anisetë (f)	[anisétə]
apéritif (m)	aperitiv (m)	[apɛritív]
appétit (m)	oreks (m)	[oréks]
arrière-goût (m)	shije (f)	[ʃíjɛ]
artichaut (m)	angjinare (f)	[anɟinárɛ]
asperge (f)	asparagus (m)	[asparágus]
assiette (f)	pjatë (f)	[pjátə]
aubergine (f)	patëllxhan (m)	[patəɫdʒán]
avec de la glace	me akull	[mɛ ákuɫ]
avocat (m)	avokado (f)	[avokádo]
avoine (f)	tërshërë (f)	[tərʃérə]
bacon (m)	proshutë (f)	[proʃútə]
baie (f)	manë (f)	[mánə]
baies (f pl)	mana (f)	[mána]
banane (f)	banane (f)	[banánɛ]
bar (m), barman (m)	pab (m), pijetore (f)	[pab], [pijɛtórɛ]
barman (m)	banakier (m)	[banakiér]
basilic (m)	borzilok (m)	[borzilók]
betterave (f)	panxhar (m)	[pandʒár]
beurre (m)	gjalp (m)	[ɟalp]
bière (f)	birrë (f)	[bírə]
bière (f) blonde	birrë e lehtë (f)	[bírə ɛ léhtə]
bière (f) brune	birrë e zezë (f)	[bírə ɛ zézə]
biscuit (m)	biskota (pl)	[biskóta]
blé (m)	grurë (f)	[grúrə]
blanc (m) d'œuf	e bardhë veze (f)	[ɛ bárðə vézɛ]
boisson (f) non alcoolisée	pije e lehtë (f)	[píjɛ ɛ léhtə]
boissons (f pl) alcoolisées	likere (pl)	[likérɛ]
bolet (m) bai	porcinela (f)	[portsinéla]

bolet (m) orangé	kërpudhë kapuç-verdhë (f)	[kərpúðə kapúʧ-vérðə]
bon (adj)	i shijshëm	[i ʃíjʃəm]
Bon appétit!	Të bëftë mirë!	[tə bəftə mírə!]
bonbon (m)	karamele (f)	[karamélɛ]
bouillie (f)	qull (m)	[cuɫ]
bouillon (m)	lëng mishi (m)	[ləŋ míʃi]
brème (f)	krapuliq (m)	[krapulíc]
brochet (m)	mlysh (m)	[mlýʃ]
brocoli (m)	brokoli (m)	[brókoli]
cèpe (m)	porcini (m)	[portsíni]
céleri (m)	selino (f)	[sɛlíno]
céréales (f pl)	drithëra (pl)	[dríθəra]
cacahuète (f)	kikirik (m)	[kikirík]
café (m)	kafe (f)	[káfɛ]
café (m) au lait	kafe me qumësht (m)	[káfɛ mɛ cúməʃt]
café (m) noir	kafe e zezë (f)	[káfɛ ɛ zézə]
café (m) soluble	neskafe (f)	[nɛskáfɛ]
calamar (m)	kallamarë (f)	[kaɫamárə]
calorie (f)	kalori (f)	[kalorí]
canard (m)	rosë (f)	[rósə]
canneberge (f)	boronica (f)	[boronítsa]
cannelle (f)	kanellë (f)	[kanéɫə]
cappuccino (m)	kapuçino (m)	[kaputʃíno]
carotte (f)	karotë (f)	[karótə]
carpe (f)	krap (m)	[krap]
carte (f)	menu (f)	[mɛnú]
carte (f) des vins	menu verërash (f)	[mɛnú vérəraʃ]
cassis (m)	kaliboba e zezë (f)	[kalibóba ɛ zézə]
caviar (m)	havjar (m)	[havjár]
cerise (f)	qershi vishnje (f)	[cɛrʃí víʃnɛ]
champagne (m)	shampanjë (f)	[ʃampáɲə]
champignon (m)	kërpudhë (f)	[kərpúðə]
champignon (m) comestible	kërpudhë ushqyese (f)	[kərpúðə uʃcýɛsɛ]
champignon (m) vénéneux	kërpudhë helmuese (f)	[kərpúðə hɛlmúɛsɛ]
chaud (adj)	i nxehtë	[i ndzéhtə]
chocolat (m)	çokollatë (f)	[tʃokoɫátə]
chou (m)	lakër (f)	[lákər]
chou (m) de Bruxelles	lakër Brukseli (f)	[lákər brukséli]
chou-fleur (m)	lulelakër (f)	[lulɛlákər]
citron (m)	limon (m)	[limón]
clou (m) de girofle	karafil (m)	[karafíl]
cocktail (m)	koktej (m)	[koktéj]
cocktail (m) au lait	milkshake (f)	[milkʃákɛ]
cognac (m)	konjak (m)	[koɲák]
concombre (m)	kastravec (m)	[kastravéts]
condiment (m)	salcë (f)	[sáltsə]
confiserie (f)	ëmbëlsira (pl)	[əmbəlsíra]
confiture (f)	reçel (m)	[rɛtʃél]
confiture (f)	reçel (m)	[rɛtʃél]

congelé (adj)	i ngrirë	[i ŋrírə]
conserves (f pl)	konserva (f)	[konsérva]
coriandre (m)	koriandër (m)	[koriándər]
courgette (f)	kungulleshë (m)	[kuŋułéʃə]
couteau (m)	thikë (f)	[θíkə]
crème (f)	krem qumështi (m)	[krɛm cúməʃti]
crème (f) aigre	salcë kosi (f)	[sáltsə kosi]
crème (f) au beurre	krem gjalpi (m)	[krɛm ɟálpi]
crabe (m)	gaforre (f)	[gafórɛ]
crevette (f)	karkalec (m)	[karkaléts]
crustacés (m pl)	krustace (pl)	[krustátsɛ]
cuillère (f)	lugë (f)	[lúgə]
cuillère (f) à soupe	lugë gjelle (f)	[lúgə ɟéłɛ]
cuisine (f)	kuzhinë (f)	[kuʒínə]
cuisse (f)	kofshë derri (f)	[kófʃə déri]
cuit à l'eau (adj)	i zier	[i zíɛr]
cumin (m)	kumin (m)	[kumín]
cure-dent (m)	kruajtëse dhëmbësh (f)	[krúajtəsɛ ðémbəʃ]
déjeuner (m)	drekë (f)	[drékə]
dîner (m)	darkë (f)	[dárkə]
datte (f)	hurmë (f)	[húrmə]
dessert (m)	ëmbëlsirë (f)	[əmbəlsírə]
dinde (f)	mish gjel deti (m)	[miʃ ɟɛl déti]
du bœuf	mish lope (m)	[miʃ lópɛ]
du mouton	mish qengji (m)	[miʃ cénɟi]
du porc	mish derri (m)	[miʃ déri]
du veau	mish viçi (m)	[miʃ vítʃi]
eau (f)	ujë (m)	[újə]
eau (f) minérale	ujë mineral (m)	[újə minɛrál]
eau (f) potable	ujë i pijshëm (m)	[újə i píjʃəm]
en chocolat (adj)	prej çokollate	[prɛj tʃokołátɛ]
esturgeon (m)	bli (m)	[blí]
fèves (f pl)	fasule (f)	[fasúlɛ]
farce (f)	hamburger (m)	[hamburgér]
farine (f)	miell (m)	[míɛł]
fenouil (m)	kopër (f)	[kópər]
feuille (f) de laurier	gjeth dafine (m)	[ɟɛθ dafínɛ]
figue (f)	fik (m)	[fik]
flétan (m)	shojzë e Atlantikut Verior (f)	[ʃójzə ɛ atlantíkut vɛriór]
flet (m)	shojzë (f)	[ʃójzə]
foie (m)	mëlçi (f)	[məltʃí]
fourchette (f)	pirun (m)	[pirún]
fraise (f)	luleshtrydhe (f)	[luleʃtrýðɛ]
fraise (f) des bois	luleshtrydhe e egër (f)	[luleʃtrýðɛ ɛ égər]
framboise (f)	mjedër (f)	[mjédər]
frit (adj)	i skuqur	[i skúcur]
froid (adj)	i ftohtë	[i ftóhtə]
fromage (m)	djath (m)	[djáθ]
fruit (m)	frut (m)	[frut]
fruits (m pl)	fruta (pl)	[frúta]
fruits (m pl) de mer	fruta deti (pl)	[frúta déti]

fumé (adj)	i tymosur	[i tymósur]
gâteau (m)	kek (m)	[kék]
gâteau (m)	tortë (f)	[tórtə]
garniture (f)	mbushje (f)	[mbúʃjɛ]
garniture (f)	garniturë (f)	[garnitúrə]
gaufre (f)	vafera (pl)	[vaféra]
gazeuse (adj)	ujë i karbonuar	[újə i karbonúar]
gibier (m)	gjah (m)	[ɟáh]
gin (m)	xhin (m)	[dʒin]
gingembre (m)	xhenxhefil (m)	[dʒɛndʒɛfíl]
girolle (f)	shanterele (f)	[ʃantɛrélɛ]
glace (f)	akull (m)	[ákuɫ]
glace (f)	akullore (f)	[akuɫórɛ]
glucides (m pl)	karbohidrat (m)	[karbohidrát]
goût (m)	shije (f)	[ʃíjɛ]
gomme (f) à mâcher	çamçakëz (m)	[tʃamtʃakéz]
grains (m pl)	drithë (m)	[dríθə]
grenade (f)	shegë (f)	[ʃégə]
groseille (f) rouge	kaliboba e kuqe (f)	[kalibóba ɛ kúcɛ]
groseille (f) verte	kulumbri (f)	[kulumbrí]
gruau (m)	drithëra (pl)	[dríθəra]
hamburger (m)	hamburger	[hamburgér]
hareng (m)	harengë (f)	[haréŋə]
haricot (m)	groshë (f)	[gróʃə]
hors-d'œuvre (m)	antipastë (f)	[antipástə]
huître (f)	midhje (f)	[míðjɛ]
huile (f) d'olive	vaj ulliri (m)	[vaj uɫíri]
huile (f) de tournesol	vaj luledielli (m)	[vaj lulɛdiéɫi]
huile (f) végétale	vaj vegjetal (m)	[vaj vɛɟɛtál]
jambon (m)	sallam (m)	[saɫám]
jaune (m) d'œuf	e verdhë veze (f)	[ɛ vérðə vézɛ]
jus (m)	lëng frutash (m)	[ləŋ frútaʃ]
jus (m) d'orange	lëng portokalli (m)	[ləŋ portokáɫi]
jus (m) de tomate	lëng domatesh (m)	[ləŋ domátɛʃ]
jus (m) pressé	lëng frutash i freskët (m)	[ləŋ frútaʃ i fréskət]
kiwi (m)	kivi (m)	[kívi]
légumes (m pl)	perime (pl)	[pɛrímɛ]
lait (m)	qumësht (m)	[cúməʃt]
lait (m) condensé	qumësht i kondensuar (m)	[cúməʃt i kondɛnsúar]
laitue (f), salade (f)	sallatë jeshile (f)	[saɫátə jɛʃílɛ]
langoustine (f)	karavidhe (f)	[karavíðɛ]
langue (f)	gjuhë (f)	[ɟúhə]
lapin (m)	mish lepuri (m)	[miʃ lépuri]
lentille (f)	thjerrëz (f)	[θjérrəz]
les œufs	vezë (pl)	[vézə]
les œufs brouillés	vezë të skuqura (pl)	[vézə tə skúcura]
limonade (f)	limonadë (f)	[limonádə]
lipides (m pl)	yndyrë (f)	[yndýrə]
liqueur (f)	liker (m)	[likér]
mûre (f)	manaferra (f)	[manaférra]
maïs (m)	misër (m)	[mísər]
maïs (m)	misër (m)	[mísər]

mandarine (f)	mandarinë (f)	[mandarínə]
mangue (f)	mango (f)	[máŋo]
maquereau (m)	skumbri (m)	[skúmbri]
margarine (f)	margarinë (f)	[margarínə]
mariné (adj)	i marinuar	[i marinúar]
marmelade (f)	marmelatë (f)	[marmɛlátə]
melon (m)	pjepër (m)	[pjépər]
merise (f)	qershi (f)	[cɛrʃí]
miel (m)	mjaltë (f)	[mjáltə]
miette (f)	dromcë (f)	[drómtsə]
millet (m)	mel (m)	[mɛl]
morceau (m)	copë (f)	[tsópə]
morille (f)	morele (f)	[morélɛ]
morue (f)	merluc (m)	[mɛrlúts]
moutarde (f)	mustardë (f)	[mustárdə]
myrtille (f)	boronicë (f)	[boronítsə]
navet (m)	rrepë (f)	[répə]
noisette (f)	lajthi (f)	[lajθí]
noix (f)	arrë (f)	[árə]
noix (f) de coco	arrë kokosi (f)	[árə kokósi]
nouilles (f pl)	makarona petë (f)	[makaróna pétə]
nourriture (f)	ushqim (m)	[uʃcím]
oie (f)	patë (f)	[pátə]
oignon (m)	qepë (f)	[cépə]
olives (f pl)	ullinj (pl)	[utíɲ]
omelette (f)	omëletë (f)	[oməlétə]
orange (f)	portokall (m)	[portokáɫ]
orge (f)	elb (m)	[ɛlb]
oronge (f) verte	kërpudha e vdekjes (f)	[kərpúða ɛ vdékjɛs]
ouvre-boîte (m)	hapëse kanoçesh (f)	[hapəsé kanótʃɛʃ]
ouvre-bouteille (m)	hapëse shishesh (f)	[hapəsé ʃíʃɛʃ]
pâté (m)	pate (f)	[paté]
pâtes (m pl)	makarona (f)	[makaróna]
pétales (m pl) de maïs	kornfleiks (m)	[kornfléiks]
pétillante (adj)	ujë i gazuar	[újə i gazúar]
pêche (f)	pjeshkë (f)	[pjéʃkə]
pain (m)	bukë (f)	[búkə]
pamplemousse (m)	grejpfrut (m)	[grɛjpfrút]
papaye (f)	papaja (f)	[papája]
paprika (m)	spec (m)	[spɛts]
pastèque (f)	shalqi (m)	[ʃalcí]
peau (f)	lëkurë (f)	[ləkúrə]
perche (f)	perç (m)	[pɛrtʃ]
persil (m)	majdanoz (m)	[majdanóz]
petit déjeuner (m)	mëngjes (m)	[mənɟés]
petite cuillère (f)	lugë çaji (f)	[lúgə tʃáji]
pistaches (f pl)	fëstëk (m)	[fəsték]
pizza (f)	pica (f)	[pítsa]
plat (m)	pjatë (f)	[pjátə]
plate (adj)	ujë natyral	[újə natyrál]
poire (f)	dardhë (f)	[dárðə]
pois (m)	bizele (f)	[bizélɛ]

poisson (m)	peshk (m)	[pɛʃk]
poivre (m) noir	piper i zi (m)	[pipér i zi]
poivre (m) rouge	piper i kuq (m)	[pipér i kuc]
poivron (m)	spec (m)	[spɛts]
pomme (f)	mollë (f)	[móɫə]
pomme (f) de terre	patate (f)	[patátɛ]
portion (f)	racion (m)	[ɾatsión]
potiron (m)	kungull (m)	[kúŋuɫ]
poulet (m)	pulë (f)	[púlə]
pourboire (m)	bakshish (m)	[bakʃíʃ]
protéines (f pl)	proteinë (f)	[protɛínə]
prune (f)	kumbull (f)	[kúmbuɫ]
pudding (m)	puding (m)	[pudíŋ]
purée (f)	pure patatesh (f)	[puré patátɛʃ]
régime (m)	dietë (f)	[diétə]
radis (m)	rrepkë (f)	[répkə]
rafraîchissement (m)	pije freskuese (f)	[píjɛ frɛskúɛsɛ]
raifort (m)	rrepë djegëse (f)	[répə djégəsɛ]
raisin (m)	rrush (m)	[ruʃ]
raisin (m) sec	rrush i thatë (m)	[ruʃ i θátə]
recette (f)	recetë (f)	[rɛtsétə]
requin (m)	peshkaqen (m)	[pɛʃkacén]
rhum (m)	rum (m)	[rum]
riz (m)	oriz (m)	[oríz]
russule (f)	rusula (f)	[rúsula]
sésame (m)	susam (m)	[susám]
safran (m)	shafran (m)	[ʃafrán]
salé (adj)	i kripur	[i krípur]
salade (f)	sallatë (f)	[saɫátə]
sandre (f)	troftë (f)	[tróftə]
sandwich (m)	sandviç (m)	[sandvítʃ]
sans alcool	jo alkoolik	[jo alkoolík]
sardine (f)	sardele (f)	[sardélɛ]
sarrasin (m)	hikërr (m)	[híkər]
sauce (f)	salcë (f)	[sáltsə]
sauce (f) mayonnaise	majonezë (f)	[majonézə]
saucisse (f)	salsiçe vjeneze (f)	[salsítʃɛ vjɛnézɛ]
saucisson (m)	salsiçe (f)	[salsítʃɛ]
saumon (m)	salmon (m)	[salmón]
saumon (m) atlantique	salmon Atlantiku (m)	[salmón atlantíku]
sec (adj)	i tharë	[i θárə]
seigle (m)	thekër (f)	[θékər]
sel (m)	kripë (f)	[krípə]
serveur (m)	kamerier (m)	[kamɛriér]
serveuse (f)	kameriere (m)	[kamɛriérɛ]
silure (m)	mustak (m)	[musták]
soja (m)	sojë (f)	[sójə]
soucoupe (f)	pjatë filxhani (f)	[pjátə fildʒáni]
soupe (f)	supë (f)	[súpə]
spaghettis (m pl)	shpageti (pl)	[ʃpagéti]
steak (m)	biftek (m)	[bifték]
sucré (adj)	i ëmbël	[i émbəl]

sucre (m)	**sheqer** (m)	[ʃɛcér]
tarte (f)	**tortë** (f)	[tórtə]
tasse (f)	**filxhan** (m)	[fildʒán]
thé (m)	**çaj** (m)	[tʃáj]
thé (m) noir	**çaj i zi** (m)	[tʃáj i zí]
thé (m) vert	**çaj jeshil** (m)	[tʃáj jɛʃíl]
thon (m)	**tunë** (f)	[túnə]
tire-bouchon (m)	**turjelë tapash** (f)	[turjélə tápaʃ]
tomate (f)	**domate** (f)	[domátɛ]
tranche (f)	**fetë** (f)	[fétə]
truite (f)	**troftë** (f)	[tróftə]
végétarien (adj)	**vegjetarian**	[vɛɟɛtarián]
végétarien (m)	**vegjetarian** (m)	[vɛɟɛtarián]
verdure (f)	**zarzavate** (pl)	[zarzavátɛ]
vermouth (m)	**vermut** (m)	[vɛrmút]
verre (m)	**gotë** (f)	[gótə]
verre (m) à vin	**gotë vere** (f)	[gótə vérɛ]
viande (f)	**mish** (m)	[miʃ]
vin (m)	**verë** (f)	[vérə]
vin (m) blanc	**verë e bardhë** (f)	[vérə ɛ bárðə]
vin (m) rouge	**verë e kuqe** (f)	[vérə ɛ kúcɛ]
vinaigre (m)	**uthull** (f)	[úθuɫ]
vitamine (f)	**vitaminë** (f)	[vitamínə]
vodka (f)	**vodkë** (f)	[vódkə]
whisky (m)	**uiski** (m)	[víski]
yogourt (m)	**kos** (m)	[kos]

Albanais-Français glossaire gastronomique

çaj (m)	[tʃáj]	thé (m)
çaj i zi (m)	[tʃáj i zí]	thé (m) noir
çaj jeshil (m)	[tʃáj jɛʃíl]	thé (m) vert
çamçakëz (m)	[tʃamtʃakéz]	gomme (f) à mâcher
çokollatë (f)	[tʃokołátə]	chocolat (m)
ëmbëlsirë (f)	[əmbəlsírə]	dessert (m)
ëmbëlsira (pl)	[əmbəlsíra]	confiserie (f)
akull (m)	[ákuł]	glace (f)
akullore (f)	[akułórɛ]	glace (f)
ananas (m)	[ananás]	ananas (m)
angjinare (f)	[aɲinárɛ]	artichaut (m)
anisetë (f)	[anisétə]	anis (m)
antipastë (f)	[antipástə]	hors-d'œuvre (m)
aperitiv (m)	[apɛritív]	apéritif (m)
arrë (f)	[árə]	noix (f)
arrë kokosi (f)	[árə kokósi]	noix (f) de coco
asparagus (m)	[asparágus]	asperge (f)
avokado (f)	[avokádo]	avocat (m)
bajame (f)	[bajámɛ]	amande (f)
bakshish (m)	[bakʃíʃ]	pourboire (m)
banakier (m)	[banakiér]	barman (m)
banane (f)	[banánɛ]	banane (f)
biftek (m)	[bifték]	steak (m)
birrë (f)	[bírə]	bière (f)
birrë e lehtë (f)	[bírə ɛ léhtə]	bière (f) blonde
birrë e zezë (f)	[bírə ɛ zézə]	bière (f) brune
biskota (pl)	[biskóta]	biscuit (m)
bizele (f)	[bizélɛ]	pois (m)
bli (m)	[blí]	esturgeon (m)
boronicë (f)	[boronítsə]	myrtille (f)
boronicë mirtile (f)	[boronítsə mirtílɛ]	airelle (f) rouge
boronica (f)	[boronítsa]	canneberge (f)
borzilok (m)	[borzilók]	basilic (m)
brokoli (m)	[brókoli]	brocoli (m)
bukë (f)	[búkə]	pain (m)
copë (f)	[tsópə]	morceau (m)
dardhë (f)	[dárðə]	poire (f)
darkë (f)	[dárkə]	dîner (m)
dietë (f)	[diétə]	régime (m)
djath (m)	[djáθ]	fromage (m)
domate (f)	[domátɛ]	tomate (f)
drekë (f)	[drékə]	déjeuner (m)
drithë (m)	[dríθə]	grains (m pl)
drithëra (pl)	[dríθəra]	gruau (m)

drithëra (pl)	[dríθəra]	céréales (f pl)
dromcë (f)	[drómtsə]	miette (f)
e bardhë veze (f)	[ɛ bárðə vézɛ]	blanc (m) d'œuf
e verdhë veze (f)	[ɛ vérðə vézɛ]	jaune (m) d'œuf
elb (m)	[ɛlb]	orge (f)
erëz (f)	[érəz]	épice (f)
fëstëk (m)	[fəsték]	pistaches (f pl)
fasule (f)	[fasúlɛ]	fèves (f pl)
faturë (f)	[fatúrə]	addition (f)
fetë (f)	[fétə]	tranche (f)
fik (m)	[fik]	figue (f)
filxhan (m)	[fildʒán]	tasse (f)
frut (m)	[frut]	fruit (m)
fruta (pl)	[frúta]	fruits (m pl)
fruta deti (pl)	[frúta déti]	fruits (m pl) de mer
gaforre (f)	[gafórɛ]	crabe (m)
garniturë (f)	[garnitúrə]	garniture (f)
gjah (m)	[ɟáh]	gibier (m)
gjalp (m)	[ɟalp]	beurre (m)
gjeth dafine (m)	[ɟɛθ dafínɛ]	feuille (f) de laurier
gjuhë (f)	[ɟúhə]	langue (f)
gotë (f)	[gótə]	verre (m)
gotë vere (f)	[gótə vérɛ]	verre (m) à vin
grejpfrut (m)	[grɛjpfrút]	pamplemousse (m)
groshë (f)	[gróʃə]	haricot (m)
grurë (f)	[grúrə]	blé (m)
hamburger	[hamburgér]	hamburger (m)
hamburger (m)	[hamburgér]	farce (f)
hapëse kanoçesh (f)	[hapəsé kanótʃɛʃ]	ouvre-boîte (m)
hapëse shishesh (f)	[hapəsé ʃíʃɛʃ]	ouvre-bouteille (m)
harengë (f)	[haréŋə]	hareng (m)
havjar (m)	[havjár]	caviar (m)
hikërr (m)	[híkər]	sarrasin (m)
hudhër (f)	[húðər]	ail (m)
hurmë (f)	[húrmə]	datte (f)
i ëmbël	[i émbəl]	sucré (adj)
i ftohtë	[i ftóhtə]	froid (adj)
i hidhur	[i híður]	amer (adj)
i kripur	[i krípur]	salé (adj)
i marinuar	[i marinúar]	mariné (adj)
i ngrirë	[i ŋrírə]	congelé (adj)
i nxehtë	[i ndzéhtə]	chaud (adj)
i shijshëm	[i ʃíjʃəm]	bon (adj)
i skuqur	[i skúcur]	frit (adj)
i tharë	[i θárə]	sec (adj)
i tymosur	[i tymósur]	fumé (adj)
i zier	[i zíɛr]	cuit à l'eau (adj)
jo alkoolik	[jo alkoolík]	sans alcool
kërpudhë (f)	[kərpúðə]	champignon (m)
kërpudhë helmuese (f)	[kərpúðə hɛlmúɛsɛ]	champignon (m) vénéneux
kërpudhë kapuç-verdhë (f)	[kərpúðə kapútʃ-vérðə]	bolet (m) orangé

kërpudhë ushqyese (f)	[kərpúðə uʃcýɛsɛ]	champignon (m) comestible
kërpudha e vdekjes (f)	[kərpúða ɛ vdékjɛs]	oronge (f) verte
kësulkuqe (f)	[kəsulkúcɛ]	amanite (f) tue-mouches
kafe (f)	[káfɛ]	café (m)
kafe e zezë (f)	[káfɛ ɛ zézə]	café (m) noir
kafe me qumësht (m)	[káfɛ mɛ cúməʃt]	café (m) au lait
kajsi (f)	[kajsí]	abricot (m)
kaliboba e kuqe (f)	[kalibóba ɛ kúcɛ]	groseille (f) rouge
kaliboba e zezë (f)	[kalibóba ɛ zézə]	cassis (m)
kallamarë (f)	[kałamárə]	calamar (m)
kalori (f)	[kalorí]	calorie (f)
kamerier (m)	[kamɛriér]	serveur (m)
kameriere (f)	[kamɛriérɛ]	serveuse (f)
kanellë (f)	[kanéłə]	cannelle (f)
kapuçino (m)	[kaputʃíno]	cappuccino (m)
karafil (m)	[karafíl]	clou (m) de girofle
karamele (f)	[karamélɛ]	bonbon (m)
karavidhe (f)	[karavíðɛ]	langoustine (f)
karbohidrat (m)	[karbohidrát]	glucides (m pl)
karkalec (m)	[karkaléts]	crevette (f)
karotë (f)	[karótə]	carotte (f)
kastravec (m)	[kastravéts]	concombre (m)
kaush (m)	[kaúʃ]	épi (m)
kek (m)	[kék]	gâteau (m)
kikirik (m)	[kikirík]	cacahuète (f)
kivi (m)	[kívi]	kiwi (m)
kofshë derri (f)	[kófʃə déri]	cuisse (f)
koktej (m)	[koktéj]	cocktail (m)
konjak (m)	[koɲák]	cognac (m)
konserva (f)	[konsérva]	conserves (f pl)
kopër (f)	[kópər]	fenouil (m)
koriandër (m)	[koriándər]	coriandre (m)
kornfleiks (m)	[kornfléiks]	pétales (m pl) de maïs
kos (m)	[kos]	yogourt (m)
krap (m)	[krap]	carpe (f)
krapuliq (m)	[krapulíc]	brème (f)
krem gjalpi (m)	[krɛm ɟálpi]	crème (f) au beurre
krem qumështi (m)	[krɛm cúməʃti]	crème (f)
kripë (f)	[krípə]	sel (m)
kruajtëse dhëmbësh (f)	[krúajtəsɛ ðə́mbəʃ]	cure-dent (m)
krustace (pl)	[krustátsɛ]	crustacés (m pl)
kulumbri (f)	[kulumbrí]	groseille (f) verte
kumbull (m)	[kúmbuł]	prune (f)
kumin (m)	[kumín]	cumin (m)
kungull (m)	[kúɲuł]	potiron (m)
kungulleshë (m)	[kuɲułéʃə]	courgette (f)
kuzhinë (f)	[kuʒínə]	cuisine (f)
lëkurë (f)	[ləkúrə]	peau (f)
lëng domatesh (m)	[ləŋ domátɛʃ]	jus (m) de tomate
lëng frutash (m)	[ləŋ frútaʃ]	jus (m)
lëng frutash i freskët (m)	[ləŋ frútaʃ i fréskət]	jus (m) pressé

lëng mishi (m)	[ləŋ míʃi]	bouillon (m)
lëng portokalli (m)	[ləŋ portokáti]	jus (m) d'orange
lajthi (f)	[lajθí]	noisette (f)
lakër (f)	[lákər]	chou (m)
lakër Brukseli (f)	[lákər brukséli]	chou (m) de Bruxelles
liker (m)	[likér]	liqueur (f)
likere (pl)	[likérɛ]	boissons (f pl) alcoolisées
limon (m)	[limón]	citron (m)
limonadë (f)	[limonádə]	limonade (f)
lugë çaji (f)	[lúgə tʃáji]	petite cuillère (f)
lugë (f)	[lúgə]	cuillère (f)
lugë gjelle (f)	[lúgə ɟétɛ]	cuillère (f) à soupe
lulelakër (f)	[lulɛlákər]	chou-fleur (m)
luleshtrydhe (f)	[lulɛʃtrýðɛ]	fraise (f)
luleshtrydhe e egër (f)	[lulɛʃtrýðɛ ɛ égər]	fraise (f) des bois
mëlçi (f)	[məltʃí]	foie (m)
mëngjes (m)	[mənɲés]	petit déjeuner (m)
majdanoz (m)	[majdanóz]	persil (m)
majonezë (f)	[majonézə]	sauce (f) mayonnaise
makarona (f)	[makaróna]	pâtes (m pl)
makarona petë (f)	[makaróna pétə]	nouilles (f pl)
manë (f)	[mánə]	baie (f)
mana (f)	[mána]	baies (f pl)
manaferra (f)	[manaféra]	mûre (f)
mandarinë (f)	[mandarínə]	mandarine (f)
mango (f)	[máɲo]	mangue (f)
margarinë (f)	[margarínə]	margarine (f)
marmelatë (f)	[marmɛlátə]	marmelade (f)
mbushje (f)	[mbúʃjɛ]	garniture (f)
me akull	[mɛ ákut]	avec de la glace
mel (m)	[mɛl]	millet (m)
menu (f)	[mɛnú]	carte (f)
menu verërash (f)	[mɛnú vérəraʃ]	carte (f) des vins
merluc (m)	[mɛrlúts]	morue (f)
midhje (f)	[míðjɛ]	huître (f)
miell (m)	[míɛt]	farine (f)
milkshake (f)	[milkʃákɛ]	cocktail (m) au lait
misër (m)	[mísər]	maïs (m)
misër (m)	[mísər]	maïs (m)
mish (m)	[miʃ]	viande (f)
mish derri (m)	[miʃ déri]	du porc
mish gjel deti (m)	[miʃ ɟɛl déti]	dinde (f)
mish lepuri (m)	[miʃ lépuri]	lapin (m)
mish lope (m)	[miʃ lópɛ]	du bœuf
mish qengji (m)	[miʃ cénɟi]	du mouton
mish viçi (m)	[miʃ vítʃi]	du veau
mjaltë (f)	[mjáltə]	miel (m)
mjedër (f)	[mjédər]	framboise (f)
mlysh (m)	[mlýʃ]	brochet (m)
mollë (f)	[mótə]	pomme (f)
morele (f)	[morélɛ]	morille (f)

mustak (m)	[musták]	silure (m)
mustardë (f)	[mustárdə]	moutarde (f)
neskafe (f)	[nɛskáfɛ]	café (m) soluble
ngjalë (f)	[ŋjálə]	anguille (f)
omëletë (f)	[oməlétə]	omelette (f)
oreks (m)	[oréks]	appétit (m)
oriz (m)	[oríz]	riz (m)
pab (m), pijetore (f)	[pab], [pijɛtórɛ]	bar (m)
panxhar (m)	[pandʒár]	betterave (f)
papaja (f)	[papája]	papaye (f)
patë (f)	[pátə]	oie (f)
patëllxhan (m)	[patəɫdʒán]	aubergine (f)
patate (f)	[patátɛ]	pomme (f) de terre
pate (f)	[paté]	pâté (m)
perç (m)	[pɛrʧ]	perche (f)
perime (pl)	[pɛrímɛ]	légumes (m pl)
peshk (m)	[pɛʃk]	poisson (m)
peshkaqen (m)	[pɛʃkacén]	requin (m)
pica (f)	[pítsa]	pizza (f)
pije e lehtë (f)	[píjɛ ɛ léhtə]	boisson (f) non alcoolisée
pije freskuese (f)	[píjɛ frɛskúɛsɛ]	rafraîchissement (m)
piper i kuq (m)	[pipér i kuc]	poivre (m) rouge
piper i zi (m)	[pipér i zi]	poivre (m) noir
pirun (m)	[pirún]	fourchette (f)
pjatë (f)	[pjátə]	plat (m)
pjatë (f)	[pjátə]	assiette (f)
pjatë filxhani (f)	[pjátə fildʒáni]	soucoupe (f)
pjepër (m)	[pjépər]	melon (m)
pjeshkë (f)	[pjéʃkə]	pêche (f)
porcinela (f)	[portsinéla]	bolet (m) bai
porcini (m)	[portsíni]	cèpe (m)
portokall (m)	[portokáɫ]	orange (f)
prej çokollate	[prɛj ʧokoɫátɛ]	en chocolat (adj)
proshutë (f)	[proʃútə]	bacon (m)
proteinë (f)	[protɛínə]	protéines (f pl)
puding (m)	[pudíŋ]	pudding (m)
pulë (f)	[púlə]	poulet (m)
pure patatesh (f)	[puré patátɛʃ]	purée (f)
qepë (f)	[cépə]	oignon (m)
qershi (f)	[cɛrʃí]	merise (f)
qershi vishnje (f)	[cɛrʃí víʃnɛ]	cerise (f)
qull (m)	[cuɫ]	bouillie (f)
qumësht (m)	[cúməʃt]	lait (m)
qumësht i kondensuar (m)	[cúməʃt i kondɛnsúar]	lait (m) condensé
racion (m)	[ratsión]	portion (f)
reçel (m)	[rɛʧél]	confiture (f)
reçel (m)	[rɛʧél]	confiture (f)
recetë (f)	[rɛtsétə]	recette (f)
rosë (f)	[rósə]	canard (m)
rrepë (f)	[répə]	navet (m)
rrepë djegëse (f)	[répə djégəsɛ]	raifort (m)

rrepkë (f)	[répkə]	radis (m)
rrush (m)	[ruʃ]	raisin (m)
rrush i thatë (m)	[ruʃ i θátə]	raisin (m) sec
rum (m)	[rum]	rhum (m)
rusula (f)	[rúsula]	russule (f)
salcë (f)	[sáltsə]	condiment (m)
salcë (f)	[sáltsə]	sauce (f)
salcë kosi (f)	[sáltsə kosi]	crème (f) aigre
sallam (m)	[saɬám]	jambon (m)
sallatë (f)	[saɬátə]	salade (f)
sallatë jeshile (f)	[saɬátə jɛʃílɛ]	laitue (f), salade (f)
salmon (m)	[salmón]	saumon (m)
salmon Atlantiku (m)	[salmón atlantíku]	saumon (m) atlantique
salsiçe (f)	[salsítʃɛ]	saucisson (m)
salsiçe vjeneze (f)	[salsítʃɛ vjɛnézɛ]	saucisse (f)
sandviç (m)	[sandvítʃ]	sandwich (m)
sardele (f)	[sardélɛ]	sardine (f)
selino (f)	[sɛlíno]	céleri (m)
shafran (m)	[ʃafrán]	safran (m)
shalqi (m)	[ʃalcí]	pastèque (f)
shampanjë (f)	[ʃampáɲə]	champagne (m)
shanterele (f)	[ʃantɛrélɛ]	girolle (f)
shegë (f)	[ʃégə]	grenade (f)
sheqer (m)	[ʃɛcér]	sucre (m)
shije (f)	[ʃíjɛ]	goût (m)
shije (f)	[ʃíjɛ]	arrière-goût (m)
shojzë (f)	[ʃójzə]	flet (m)
shojzë e Atlantikut Verior (f)	[ʃójzə ɛ atlantíkut vɛriór]	flétan (m)
shpageti (pl)	[ʃpagéti]	spaghettis (m pl)
skumbri (m)	[skúmbri]	maquereau (m)
sojë (f)	[sójə]	soja (m)
spec (m)	[spɛts]	poivron (m)
spec (m)	[spɛts]	paprika (m)
spinaq (m)	[spinác]	épinard (m)
supë (f)	[súpə]	soupe (f)
susam (m)	[susám]	sésame (m)
Të bëftë mirë!	[tə bəftə mírə!]	Bon appétit!
tërshërë (f)	[tərʃérə]	avoine (f)
thekër (f)	[θékər]	seigle (m)
thikë (f)	[θíkə]	couteau (m)
thjerrëz (f)	[θjérəz]	lentille (f)
tortë (f)	[tórtə]	tarte (f)
tortë (f)	[tórtə]	gâteau (m)
troftë (f)	[tróftə]	truite (f)
troftë (f)	[tróftə]	sandre (f)
tunë (f)	[túnə]	thon (m)
turjelë tapash (f)	[turjélə tápaʃ]	tire-bouchon (m)
uiski (m)	[víski]	whisky (m)
ujë (m)	[újə]	eau (f)
ujë i gazuar	[újə i gazúar]	pétillante (adj)
ujë i karbonuar	[újə i karbonúar]	gazeuse (adj)

ujë i pijshëm (m)	[újə i píʃʃəm]	eau (f) potable
ujë mineral (m)	[újə minɛrál]	eau (f) minérale
ujë natyral	[újə natyrál]	plate (adj)
ullinj (pl)	[uɬíɲ]	olives (f pl)
ushqim (m)	[uʃcím]	nourriture (f)
uthull (f)	[úθuɬ]	vinaigre (m)
vafera (pl)	[vaféra]	gaufre (f)
vaj luledielli (m)	[vaj lulɛdiéti]	huile (f) de tournesol
vaj ulliri (m)	[vaj utíri]	huile (f) d'olive
vaj vegjetal (m)	[vaj vɛɟɛtál]	huile (f) végétale
ve (f)	[vɛ]	œuf (m)
vegjetarian	[vɛɟɛtarián]	végétarien (adj)
vegjetarian (m)	[vɛɟɛtarián]	végétarien (m)
verë (f)	[vérə]	vin (m)
verë e bardhë (f)	[vérə ɛ bárðə]	vin (m) blanc
verë e kuqe (f)	[vérə ɛ kúcɛ]	vin (m) rouge
vermut (m)	[vɛrmút]	vermouth (m)
vezë (pl)	[vézə]	les œufs
vezë të skuqura (pl)	[véze tə skúcura]	les œufs brouillés
vitaminë (f)	[vitamínə]	vitamine (f)
vodkë (f)	[vódkə]	vodka (f)
xhenxhefil (m)	[dʒɛndʒɛfíl]	gingembre (m)
xhin (m)	[dʒin]	gin (m)
yndyrë (f)	[yndýrə]	lipides (m pl)
zarzavate (pl)	[zarzavátɛ]	verdure (f)